铁路劳动安全概论

主编　李海军　夏谦启

西南交通大学出版社
·成都·

图书在版编目（CIP）数据

铁路劳动安全概论 / 李海军，夏谦启主编. —成都：
西南交通大学出版社，2017.8（2025.8 重印）
ISBN 978-7-5643-5674-3

Ⅰ.①铁… Ⅱ.①李… ②夏… Ⅲ.①铁路运输－交
通运输安全－概论 Ⅳ.①U298

中国版本图书馆 CIP 数据核字（2019）第 140521 号

铁路劳动安全概论

责任编辑／周　杨
主　　编／李海军　夏谦启　　助理编辑／宋浩田
封面设计／墨创文化

西南交通大学出版社出版发行
（四川省成都市二环路北一段 111 号西南交通大学创新大厦 21 楼　610031）
发行部电话：028-87600564　　028-87600533
网址：http://www.xnjdcbs.com
印刷：成都中永印务有限责任公司

成品尺寸　170 mm×230 mm
印张　15.5　　字数　270 千
版次　2017 年 8 月第 1 版　　印次　2025 年 8 月第 7 次

书号　ISBN 978-7-5643-5674-3
定价　36.00 元

课件咨询电话：028-81435775
图书如有印装质量问题　本社负责退换
版权所有　盗版必究　举报电话：028-87600562

前　言

　　为了增强学生步入工作岗位后在铁路劳动的安全忧患意识、自我保护意识和岗位责任意识，提高学生将来在铁路劳动安全方面的业务素质，减少作业过程中人身伤亡事故的发生，提升铁路安全风险管理能力，原铁道部劳动和卫生司、安全监察司颁布了《铁路劳动安全培训规范》。本教材根据《铁路劳动安全培训规范》进行编写，分规章制度、常见事故预防、相关安全知识三篇共15章的内容。第一篇规章制度的相关内容为：国家法律法规、铁路行业规章；第二篇常见事故预防的相关内容为：预防机车车辆伤害、预防机动车辆伤害、预防触电、预防高处坠落、预防起重伤害、预防物体打击、预防机械伤害；第三篇相关安全知识内容为：消防安全、预防中毒和窒息、防暑降温、防寒过冬、职业健康及现场急救。本教材涵盖了培训规范中所规定的各项能力，应用了安全风险管理、模块化教学、事故案例教育等新理念、新方式，重点突出了预防常见事故的相关内容，列举了铁路典型的事故案例，并在每章后配有相应的复习思考题。本书适用于铁路类院校学生劳动安全知识培训、铁路员工岗位劳动安全培训和在岗职工劳动安全培训。

编　著

2017 年 5 月

目录

第一篇　规章制度

第一章　国家法律与法规

安全生产法律法规是为调整生产经营活动中有关安全生产各方关系行为的法律规范，是为保障劳动者在生产经营活动中的安全与健康而建立的法律体系。本章主要介绍一些与劳动安全相关的国家法律、法规、规章和标准。

第一节　相关法律

我国现行的有关安全生产的专门法律有：中华人民共和国《安全生产法》《消防法》《道路交通安全法》《海上交通安全法》《矿山安全法》等；与安全生产相关的法律主要有：《劳动法》《工会法》《铁路法》《公路法》《民用航空法》《港口法》《建筑法》《电力法》《刑法》等。

一、安全生产法

《安全生产法》是我国第一部关于安全生产领域的综合法律，是安全生产的基本法。《安全生产法》的颁布实施，为保障我国的安全生产，防止重、特大事故的发生，保护从业人员的安全和健康，促进国民经济健康、稳步和持续发展提供了法律保证，具有十分重要的意义。《安全生产法》规定的一系列基本原则和制度，也是铁路运输生产活动必须遵循的。

《安全生产法》分为总则、生产经营单位的安全生产保障、从业人员的权利和义务、安全生产的监督和管理、生产安全事故的应急救援与调查处理、法律责任和附则共7章97条。

（一）安全生产方针

安全生产方针是指党和国家对安全生产工作总的要求，是安全生产工作的方向。我国现行的安全生产方针是"安全第一、预防为主、综合治理"。

"安全第一"，就是在生产经营活动中，在处理保证安全与生产经营活动的关系上，要始终把安全放在首要位置，优先考虑从业人员和其他人员的人身安全，实行"安全优先"的原则。在确保安全的前提下，努力实现生产经营的其他目标。

"预防为主"，就是按照系统化、科学化的管理思想，按照事故发生的规律和特点，千方百计地预防事故的发生，做到防患于未然，将事故消灭在萌芽状态。

"综合治理"，就是综合运用经济、法律和行政等手段，人管、法治和技防多管齐下，并充分发挥社会、职工和舆论的监督作用，有效解决安全生产领域的问题。

"安全第一、预防为主、综合治理"的安全生产方针是一个有机的统一体。"安全第一"是"预防为主、综合治理"的统帅和灵魂，没有"安全第一"的思想，"预防为主"就失去了思想支撑，"综合治理"就失去了整治的依据；"预防为主"是实现"安全第一"的根本途径，只有把安全生产的重点放在建立事故隐患预防的体系上，超前防范，才能有效减少事故损失，实现"安全第一"；"综合治理"是落实"安全第一、预防为主"的手段和方法，只有不断健全和完善"综合治理"的工作机制，才能有效贯彻安全生产方针，真正把"安全第一、预防为主"落到实处，不断开创安全生产工作的新局面。

（二）对从业人员的基本要求

《安全生产法》对从业人员的基本要求有三点：

（1）未经安全生产教育和培训合格的从业人员，不得上岗作业。

（2）生产经营单位的特种作业人员必须按照国家有关规定经专门的安全作业培训，取得特种作业操作资格证书，方可上岗作业。

（3）从业人员不服从管理，违反安全生产规章制度或者操作规程的，由生产经营单位给予批评教育，依照有关规章制度给予处分；造成重大事故，构成犯罪的，依照刑法有关规定追究刑事责任。

（三）从业人员的权利与义务

作为法律关系的权利与义务是对等的，没有无权利的义务，也没有无义务的权利。生产经营单位的从业人员是各项生产经营活动最直接的劳动者，有依法获得安全生产保障的权利，同时也应当依法履行安全生产方面的义务。

1. 从业人员的权利

《安全生产法》第45条～第48条规定了从业人员依法享有以下安全生产保障权利。

（1）对危险因素及应急措施的知情权。

（2）对安全生产工作的建议、批评、检举和控告权。

（3）对违章指挥或强令冒险作业的拒绝权。

（4）遇紧急情况时的停止作业权和紧急撤离权。

（5）被认定为工伤后的获保权和获赔权。

2. 从业人员的义务

安全生产是从业人员最基本的义务和不容推卸的责任，从业人员必须具有高度的法律意识，《安全生产法》第49条~第51条规定从业人员应依法履行以下安全生产方面的义务：

（1）从业人员在作业过程中，应当严格遵守安全生产的规章制度和操作规程，服从管理，正确佩戴和使用劳动防护用品。

（2）从业人员应当接受安全生产教育和培训，掌握本职工作所需的安全生产知识，提高安全生产技能，增强事故预防和应急处理能力。

（3）从业人员发现事故隐患或者其他不安全因素，应当立即向现场安全生产管理人员或者本单位负责人报告。

二、刑 法

《中华人民共和国刑法》有关安全生产犯罪的规定主要有：重大飞行事故罪、铁路运营安全事故罪、交通肇事罪、重大责任事故罪、重大劳动安全事故罪、危险物品肇事罪、重大工程安全事故罪、重大教育设施安全事故罪、消防责任事故罪等。

铁路运营安全事故罪：《中华人民共和国刑法》第132条规定，铁路职工违反规章制度，致使发生运营安全事故，造成严重后果的。

三、劳动法

《劳动法》分为总则、促进就业、劳动合同和集体合同、工作时间和休息休假、工资、劳动安全卫生、女职工和未成年工保护、职业培训、社会保险和福利、劳动争议、监督检查、法律责任和附则共13章107条。

（一）劳动者的权利和义务

《劳动法》第3条赋予了劳动者7项权利和需要履行的4项义务。

1．七项权利

（1）享有平等就业和选择职业的权利。

（2）享有取得劳动报酬的权利。

（3）享有获得劳动安全卫生保护的权利。

（4）享有接受职业技能培训的权利。

（5）享有社会保险和福利的权利。

（6）享有提请劳享有动争议处理的权利。

（7）法律规定的其他劳动权利。

2．四项义务

（1）劳动者应当完成劳动任务。

（2）劳动者应当提高职业技能。

（3）劳动者应当执行劳动安全卫生规程。

（4）劳动者应当遵守劳动纪律和职业道德。

（二）劳动安全卫生

《劳动法》52、53、54 条规定了用人单位、从业人员和政府在安全生产中的责任和义务。

第 52、53、54 条规定，用人单位必须建立、健全劳动安全教育，防止劳动过程中事故的发生，减少职业危害；劳动安全卫生设施必须符合国家规定的标准，新建、改建、扩建工程的劳动安全卫生设施必须与主体工程同时设计、同时施工、同时投入生产和使用；用人单位必须为劳动者提供符合国家规定的劳动安全卫生条件和必要的劳动防护用品，对从事有职业危害作业的劳动者应当定期进行健康检查。

第 55、56 条规定，从事特种作业的劳动者必须经过专门培训并取得特种作业资格，劳动者在劳动过程中必须严格遵守安全操作规程；劳动者对用人单位管理人员违章指挥、强令冒险作业有权拒绝执行；对危害生命安全和身体健康的行为有权批评、检举和控告。

第 57 条规定，国家建立伤亡事故和职业病统计报告和处理制度。县级以上的各级人民政府劳动行政部门、有关部门和用人单位应当依法对劳动者在劳动过程中发生的伤亡事故和劳动者的职业病状况进行统计、报告和处理。

（三）对女职工和未成年工的保护

女职工和未成年工（指年满 16 周岁未满 18 周岁）由于生理等原因不适

宜从事某些危险性较大或者劳动强度较大的劳动,《劳动法》第 7 章明确规定对女职工和未成年工实行特殊保护。

1. 女职工保护

（1）禁止用人单位安排女职工从事矿山井下、国家规定的第 4 级体力劳动强度的劳动和其他禁忌从事的劳动。

（2）禁止用人单位安排女职工在经期从事高处、低温、冷水作业和国家规定的第 3 级体力劳动强度的劳动。

（3）禁止用人单位安排女职工在怀孕期间从事国家规定的第 3 级体力劳动强度的劳动和孕期禁忌从事的活动，对怀孕 7 个月以上的职工，不得安排其延长工作时间和夜班劳动。

（4）禁止用人单位安排女职工在哺乳未满 1 周岁婴儿期间从事国家规定的第 3 级体力劳动强度的劳动和哺乳期禁忌从事的其他劳动，不得安排其延长工作时间和夜班劳动。

2. 未成年工保护

（1）禁止用人单位安排未成年工从事矿山井下、有毒有害、国家规定的第 4 级体力劳动强度的劳动和其他禁忌从事的劳动。

（2）要求用人单位应当对未成年工定期进行健康检查。

第二节　相关法规

一、铁路运输安全保护条例

为了加强铁路运输安全管理，保障铁路运输的安全和畅通，保护人身安全、财产安全及其他合法权益，根据《中华人民共和国铁路法》和《中华人民共和国安全生产法》，国务院发布了《铁路运输安全保护条例》（国务院令第 430 号）（以下简称《条例》），《条例》分为总则、铁路线路安全、铁路运营安全、社会公众义务、监督检查、法律责任和附则共 7 章 103 条。其法律地位和效力低于安全生产法律和安全生产行政法规，高于地方政府的安全生产规章。国家安监总局制定的部门规章主要有《生产经营单位安全培训规定》《安全生产培训管理规定》等，本章仅介绍原铁道部制定的与劳动安全相关的部分规章和标准。

《条例》重点对铁路线路安全区的范围、划定及其保护，铁路运输企业安全管理人员保护铁路线路的义务，铁路接近限界的保护，铁路桥梁（包括道路、铁路两用桥）、隧道的安全保护，影响线路安全的施工行为的限制，设置或者拓宽铁路道口和行人过道的审批程序、通行规则、警示标志设立等条件和费用分担原则做了规定。铁路线路安全保护区的范围，从铁路线路路堤坡脚、路堑坡顶或者铁路桥梁外侧起向外的距离分别为：

（1）城市市区，不少于 8 m。

（2）城市郊区居民居住区，不少于 10 m。

（3）村镇居民居住区，不少于 12 m。

为了保障铁路运营安全，《条例》规定了铁路机车车辆的设计、生产、维修或者进口的行政许可，铁路机车车辆和自轮运转车辆的驾驶人员的资格许可，铁路危险货物、特种货物的运输许可，铁路重要工业产品的生产许可及生产企业的条件，除行政许可的机车车辆及许可生产的铁路重要工业产品外，对其他直接关系铁路运输安全的铁路专用设备、器材、工具，实行强制认证制度；规定了铁路运输企业应当加强对从业人员的安全教育和培训；铁路运输企业的从业人员应当严格按照国家规定的操作规程，使用、管理铁路运输的设施、设备；铁路运输工作人员应当坚守岗位，按程序实行标准作业，尽职尽责，保证运输安全；铁路运输企业应当按照国家有关规定，建立、健全本企业的应急预案，明确应急指挥、救援等事项。

二、铁路交通事故应急救援和调查处理条例

为了加强铁路交通事故的应急救援工作，规范铁路交通事故调查处理，减少人员伤亡和财产损失，保障铁路运输安全和畅通，根据《中华人民共和国铁路法》和其他有关法律的规定，国务院制定了《铁路交通事故应急救援和调查处理条例》（国务院令第 501 号）。

1. 铁路交通事故定义

铁路交通事故是指铁路机车车辆在运行过程中与行人、机动车、非机动车、牲畜及其他障碍物相撞，或者铁路机车车辆发生冲突、脱轨、火灾、爆炸等影响铁路正常行车的铁路交通事故。

2. 铁路交通事故等级

事故等级是反映事故严重程度的指标，事故等级越高，事故就越严重。《铁

路交通事故应急救援和调查处理条例》（国务院令第 501 号）规定的事故等级与《生产安全事故调查处理条例》（国务院令第 493 号）规定的事故等级相同。《铁路交通事故应急救援和调查处理条例》第 8 条根据事故造成的人员伤亡、直接经济损失、列车脱轨辆数、中断铁路行车时间等情形，将事故等级分为特别重大事故、重大事故、较大事故和一般事故。以人员伤亡或直接经济损失要素构成的事故分级见表 1-1。

表 1-1　事故等级要素构成

事故等级	死亡人数	重伤人数	直接经济损失
特别重大事故	30 人以上	100 人以上	1 亿元以上
重大事故	10 人以上 30 人以下	50 人以上 100 人以下	5 000 万元以上 1 亿元以下
较大事故	3 人以上 10 人以下	10 人以上 50 人以下	1 000 万元以上 5 000 万元以下
一般事故	3 人以下	10 人以下	1 000 万元以下

原铁道部根据《铁路交通事故应急救援和调查处理条例》第 12 条"国务院铁路主管部门可以对一般事故的其他情形作出补充规定。"的授权，《铁路交通事故调查处理规则》（铁道部第 30 号令）第 11 条将铁路交通一般事故分为一般 A 类事故、一般 B 类事故、一般 C 类事故、一般 D 类事故 4 类。

3. 事故伤害程度

铁路交通事故人员伤亡包括以下情形：因为事故的发生造成的铁路作业人员的伤亡；持有效乘车凭证的人员（包括旅客携带的享受免费乘车待遇的儿童）的伤亡；铁路机车车辆运行和调车作业中撞轧行人或与其他道路车辆碰撞造成的人员伤亡；急性工业中毒及其他事故中造成的人员伤亡（不包括在事故抢险和救援中伤亡的人员）。

轻伤：指造成人员肢体、某些器官功能性或器质性轻度损伤，致使劳动能力轻度或暂时丧失的伤害。其事故伤害损失工作日：在"等于或超过 1 个工作日"和"等于或小于 299 个工作日"之间。

重伤：指造成人员肢体残缺或某些器官受到严重损伤，致使人体长期存在功能障碍或劳动能力有重大损失的伤害。其事故伤害损失工作日：等于或超过 300 个工作日。

死亡：其事故伤害损失工作日按 6 000 个工作日计算。

事故伤害损失工作日是按国标《事故伤害损失工作日标准》（GB/T15499—1995）执行的。

4. 铁路交通事故报告

《铁路交通事故应急救援和调查处理条例》第 14 条规定了铁路交通事故部门、单位报告的义务和责任。《生产安全事故调查处理条例》第 9 条规定，发生事故后，事故现场有关人员应当立即向本单位负责人报告。

铁路运输企业工作人员包含了铁路运输企业的所有员工，他们都有报告事故情况的责任和义务，但是事故报告的第一信息必须是来自事故现场，也就是在事故现场的铁路职工应首先担负报告事故情况的责任和义务。

三、工伤保险条例

为了保障因工作遭受事故伤害或者患职业病的职工能获得医疗救治和经济补偿，促进工伤预防和职业康复，分散用人单位的工伤风险，国务院制定了《工伤保险条例》（国务院令第 375 号）。

（一）应当认定为工伤的情形

（1）在工作时间和工作场所内，因工作原因受到事故伤害的。

（2）工作时间前后在工作场所内，从事与工作有关的预备性或者收尾性工作受到事故伤害的。

（3）在工作时间和工作场所内，因履行工作职责受到暴力等意外伤害的。

（4）患职业病的。

（5）因工外出期间，由于工作原因受到伤害或者发生事故下落不明的。

（6）在上下班途中，受到非本人主要责任的交通事故或者城市轨道交通、客运轮渡、火车事故伤害的。

（7）法律、行政法规规定应当认定为工伤的其他情形。

（二）视同工伤的情形

（1）在工作时间和工作岗位，突发疾病死亡或者在 48 h 之内经抢救无效死亡的。

（2）在抢险救灾等维护国家利益、公共利益活动中受到伤害的。

（3）职工原在军队服役，因战、因公负伤致残，已取得革命伤残军人证，到用人单位后旧伤复发的。

有职工遇到前款第 1 项、第 2 项情形的，按照本条例的有关规定享受工伤保残补助金以外的工伤保险待遇。

（三）不得认定为工伤或者不能视同为工伤的情形

（1）故意犯罪的。

（2）醉酒或者吸毒的。

（3）自残或者自杀的。

第三节　相关标准

安全生产国家标准是指国家标准化行政主管部门依照《标准化法》制定的在全国范围内适用的安全生产技术规范。本节所介绍的标准是指在各行业均应执行的相关标准。

一、安全标志

安全标志是用以表达特定安全信息的标志，由图形符号、安全色、几何形状（边框）或文字构成，分为禁止标志、警告标志、指令标志和提示标志几大类型。下面的安全标志引用于《安全标志及其使用导则》（GB 2894—2008）。该标准规定了传递安全信息的标志及其设置、使用的原则，适用于公共场所、工业企业、建筑工地和其他有必要提醒人们注意安全的场所。

1. 禁止标志

禁止标志是禁止人们不安全行为的图形标志，其基本形式是带斜杠的圆边框，如图 1-1 所示。

编号	图形标志	名称	标志种类	设置范围和地点
1-1		禁止吸烟 No smoking	H	有甲、乙、丙类火灾危险物质的场所和禁止吸烟的公共场所等，如木工车间、油漆车间、沥青车间、纺织厂、印染厂等
1-2		禁止烟火 No burning	H	有甲、乙类、丙类火灾危险物质的场所,如面粉厂、煤粉厂、焦化厂、施工工地等

图 1-1　禁止标志

2．警告标志

警告标志是提醒人们对周围环境引起注意，以避免可能发生危险的图形标志（共有 39 个），其基本形式是正三角形边框，如图 1-2 所示。

编号	图形标志	名称	标志种类	设置范围和地点
2-1		注意安全 Warning danger	H.J	易造成人员伤亡的场所及设备等
2-2		当心火灾 Warning fire	H.J	易发生火灾的危险场所，如可燃性物质的生产、储运、使用等地点

图 1-2　警告标志

3．指令标志

指令标志是强制人们必须做出某种动作或采用防范措施的图形标志（共有 16 个），其基本形式是圆形边框，如图 1-3 所示。

编号	图形标志	名称	标志种类	设置范围和地点
3-6		必须戴安全帽 Must wear safety helmet	H.J	头部易受外力伤害的作业场所，如矿山、建筑工地、伐木场、造船厂及起重吊装处等
3-8	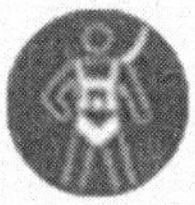	必须系安全带 Must fastened safety belt	H.J	易发生坠落危险的作用场所，如高处建筑、修理、安装等地点

图 1-3　指令标志

4．提示标志

提示标志是向人们提供某种信息（如标明安全设施或场所等）的图形标志（共有 8 个），其基本形式是正方形边框，如图 1-4 所示。

提示标志在提示目标位置时要加方向辅助标志。按实际需要指示向左或向下时，辅助标志应放在图形标志的左方，如向右指示时，则应放在图形标志的右方，如图 1-5 所示。

编号	图形标志	名称	标志种类	设置范围和地点
4-1	  	紧急出口 Emergent exit		便于安全疏散的紧急出口处，与方向箭头结合设在通向紧急出口的通道，楼梯口处

图 1-4 提示标志

图 1-5 方向辅助标志

5. 文字辅助标志

文字辅助标志的基本形式是矩形边框，有横写和竖写两种形式。

横写时，文字辅助标志写在标志的下方，可以和标志连在一起，也可以分开。禁止标志、指令标志为白色字；警告标志为黑色字。禁止标志、指令标志衬底色为标志的颜色，警告标志衬色为白色，如图 1-6 所示。

竖写时，文字辅助标志写在标志杆的上部。禁止标志，警告标志、指令标志、提示标志均为白色衬底黑色字。标志杆下部色带的颜色应和标志的颜色相一致，如图 1-7 所示。

图 1-6 横写文字辅助标志

图 1-7 竖写文字辅助标志

二、安全色

安全色包括红、蓝、黄、绿 4 种颜色，对比色包括黑、白两种颜色。安全色（CB 2893-2008）规定了传递安全信息的颜色、安全色的测试方法和使用方法，适用于公共场所、生产经营单位。

（一）安全色与对比色及其使用

1. 红色

红色是传递禁止、停止、危险或提示消防设备、设施的信息。用于各种警告标志。（参照 GB 2894）；交通禁令标志（参照 GB 5768）；消防设备标志参照 GB 13495）；机械的停止按钮、刹车及停车装置的操纵手柄；机器转动部位，仪表刻度盘上极限位置的刻度；各种危险信号旗等。

2. 蓝色

蓝色是传递必须遵守的指令性信息。用于各种指令标志（参照道路交通标志和标线中指示标志 GB 5768）等。

3. 黄色

黄色是传递注意、警告的信息。用于各种警告标志（参照 GB 2894）；道基和标线中警告标志（参照 GB 5768）；警告信号旗等。

4. 绿色

绿色是传递安全的提示性信息。用于各种提示标志（参照 GB 2894 机器启动按钮及安全信号旗；急救站、疏散通道、避险处、应急避难场所等）。

5. 黑色

黑色应用于安全标志的文字、图形符号和警告标志的几何边框中。

6. 白色

白色应用于安全标志中红、蓝、绿的背景色，也可用于安全标志的文字和图形符号。

7. 安全色与对比色的使用

安全色与对比色同时使用时，应按规定搭配使用。安全色与对比色相间的条纹宽度应相等，即各占 50%，斜度与基准面成 45°。宽度一般为 100 mm，可根据设备大小和安全标志位置的不同，采用不同的宽度，在较小的面积上其宽度可适当地缩小，每种颜色不能少于两条。

8. 使用要求

使用安全色时要考虑周围的亮度及同其他颜色的关系，使安全色能正确辨认。在明亮的环境中照明光源应接近自然白昼光，如 D56 光源；在黑暗的环境中为避免眩光或干扰应减少亮度。

（二）检查与维修

凡涂有安全色的部位，每半年应检查一次，应保持整洁、明亮，如有变色、褪色等不符合安全色范围，逆反射系数低于 70%或使用环境改变等情况发生时，应及时重涂或更换，以保证安全色的正确、醒目，达到安全警示的目的。

三、劳动防护用品分类

劳动防护用品分类引用于《劳动防护用品分类与代码》（LD/T 75-1995）标准，该标准适用于劳动防护用品的生产、统计、订货、储运、经营和分发等方面的管理及信息处理和交换。

（一）概念和作用

劳动防护用品就是劳动者在劳动过程中为防御物理、化学、生物等有害因素可能对人体造成的伤害而穿戴和配备的各种物品的总称。劳动防护用品又称劳动保护用品或个人防护用品。

劳动防护用品是劳动安全工作的重要组成部分。当技术措施尚不能消除生产过程中的危险和有害因素，达不到国家标准或有关规定时，或不能进行技术改造时，穿戴劳动防护用品就成为既能完成生产任务又能保证劳动者的安全和健康的唯一手段，也是保护劳动者安全和健康的最后一道防线。

（二）分　类

劳动防护用品分为一般劳动防护用品和特种劳动防护用品，特种劳动防护用品实行生产许可制度。按人体防护部位，劳动防护用品通常分为 9 大类。

1. 头部防护用品

头部防护用品是为防御头部不受外来物体打击和避免其他危险和有害因素而配备的个人防护装备。生产过程中伤害头部的主要因素有物体打击伤害、高处坠落伤害、机械伤害、污染毛发（头皮）伤害。

按防护功能分为普通（一般）防护帽，防尘帽，防水帽，防寒帽，安全（防冲击）帽，防静电帽，防高温帽，防电磁辐射帽，防昆虫帽和其他头部防护用品等产品。

2. 呼吸器官防护用品

呼吸器官防护用品是为防御有害气体、粉尘、烟、雾经呼吸道吸入，或直接向使用者供氧或清净空气，保证尘、毒污染或缺氧环境中作业人员的正常呼吸而配备的防护用具。

生产过程中伤害呼吸器官的主要因素有生产性粉尘和生产性有害物。

按防护功能分为：防尘口罩，防毒口罩（面具），防酸碱口罩，给氧装备和其他呼吸器官防护用品 5 类；按形式分为：过滤式和隔离式两类。

3. 眼面部防护用品

眼面部防护用品是为防御眼面部不受烟雾、尘粒、金属火花和飞屑、热辐射、电磁辐射、激光、化学飞溅物等伤害而配备的个人防护用品。

常见的生产过程中的眼、面部伤害主要有：异物性眼伤害、化学性眼（面）伤害、非电磁辐射眼伤害、电磁辐射眼伤害、微波和激光眼伤害。

按防护功能分为：防尘风镜（面罩），防水眼罩，防冲击眼罩（镜），防毒面罩，防高温面罩，防电磁辐射眼镜，防射线眼镜（罩），防酸碱面罩，防风沙面罩，防强光眼镜（面罩）和其他眼面部防护用品 11 类。使用较普遍的有 3 种，即焊接护目镜和面罩、炉窑护目镜和面罩、防冲击眼护具。

4. 听觉器官防护用品

听觉器官防护用品是为防御噪声侵入耳道，预防噪声对人身引起的不良影响而配备的个人防护用品。

生产过程中对听力的损害因素有：机械性噪声、空气动力性噪声、电磁性噪声。

按防护功能分为：防水耳塞，防寒耳塞，防噪声耳塞（罩）和其他听觉器官防护用品 4 类；按形式又可分为耳塞，耳罩和防噪声头盔 3 类。

5. 手部防护用品

手部防护用品是为防御手部不受外来物体打击和避免其他危险和有害因素。

生产过程中对手部的伤害因素是多种多样的，大致可归纳为下列几种：

火与高温、低温、电磁与电离辐射、电、化学物质、撞击、切割、擦伤、微生物侵害以及感染等。

按防护功能分为：普通（一般）防护手套、防水手套，防寒手套，防毒手套，防静电手套，防高温手套，防射线手套，防酸碱手套，防油手套，防振手套，防切割手套，绝缘手套和其他手部防护用品13类。

6．足部防护用品

足部防护用品是为防御足部不受外来物体打击和避免其他危险和有害因素而配备的个人防护用品。生产过程中对足部造成伤害的因素主要有重物、锐利物品、高温、低温、化学物质、电、静电等。按防护功能分为：防尘鞋，防水鞋（靴），防寒鞋（靴），防冲击鞋（盖），防静电鞋，防高温鞋（靴），防酸碱鞋（靴），防油鞋（靴），防烫脚盖，防滑鞋，防穿刺鞋（靴），电绝缘鞋（靴）和其他足部防护用品（防震鞋）等13类。

7．躯干防护用品

躯干防护用品是为防御躯干不受外来物体打击和避免其他危险和有害因素而配备的个人防护用品。

生产过程中对躯干的伤害因素主要有：高温、强辐射、热低温、电磁与电离辐射、化学物质、电、静电等。

躯干防护用品就是通常讲的防护服。根据防护功能分为普通（一般）防护服，防水服，防寒跟，防毒服，防静电服，防高温服，防电磁辐射服，防酸碱服，防油服，防昆虫服，防风波服，阻燃服，防砸背心，水上救生衣和其他防护服（带电作业屏蔽服和反光标志服、背心）15类。

8．护肤用品

护肤用品用于防止皮肤（主要是手、面等外露皮肤）免受化学、物理等有害因素的危害。

生产过程中对皮肤的伤害因素主要有高温、低温、紫外线、化学物质等。根据防护功能分为防毒、防射线、防油、其他劳动护肤品4类。

9．其他劳动防护用品

根据防护功能分为防高温的遮阳伞，防坠落用品的安全带（绳）和安全网，水上救生圈（筏、艇），电绝缘地板，防滑垫，其他用品6类。

复习思考题

1. 我国现行的安全生产方针是什么?
2. 在安全生产中,从业人员应当履行哪些义务?
3. 铁路运营安全事故罪的犯罪主体是谁?
4. 《劳动法》规定劳动者享有哪些权利?
5. 女职工哺乳期禁止从事哪些劳动?
6. 请叙述铁路安全保护区的范围。
7. 危害铁路运输安全的行为有多少种?请列举出其中的5种。
8. 铁路交通事故的等级是根据什么划分的?
9. 请叙述重伤的含义?
10. 哪些情形不得认定为工伤或者视同工伤?
11. 安全标志分为哪四大类?
12. 警告标志的含义是什么?
13. 安全色(含对比色)包括哪几种颜色?
14. 劳动防护用品的作用是什么?
15. 简述生产过程中对手部的伤害因素。

第二章　铁路行业规章

一、铁路技术管理规程有关人身安全的规定

《铁路技术管理规程》（铁道部令第 29 号）于 2006 年 9 月 27 日铁道部第 14 次部长办公会议通过，自 2007 年 4 月 1 日起施行，是自 1950 年 1 月以来的第 10 个版本。

《铁路技术管理规程》（以下简称《技规》）分为总则，技术设备，行车组织，信号显示，对铁路工作人员的要求和附则这 6 篇，共 19 章 395 条。规定了铁路的基本建设、产品制造、验收交接、使用管理及保养维修方面的基本要求和标准；规定了各部门、各单位、各工种在从事铁路运输生产时，必须遵循的基本原则、责任范围、工作方法、作业程序和相互关系；规定了信号的显示方式和执行要求；明确了铁路工作人员的主要职责和必须具备的基本条件。

《技规》是铁路技术管理的基本规章，铁路的其他规章和规范性文件以及各部门、各单位制定的技术管理文件等，都必须符合《技规》的规定。

《技规》要求铁路职工必须严格遵守和执行本规程的规定，在自己的职务范围内，以对国家和人民十分负责的态度，保证安全生产。

二、铁路运输系统作业人员劳动安全关键点通用控制措施

为适应铁路运输生产和技术条件不断发展变化的需要，落实"规范管理，强基达标"的总体要求，强化对作业安全关键环节的控制，减少职工伤害事故，原铁道部制定了《铁路运输系统作业人员劳动安全关键点控制措施》，分为通用控制措施和具体控制措施两大部分。通用控制措施规定在铁路既有线从事作业的所有人员，必须认真落实下列劳动安全控制措施。

（1）严格遵守劳动纪律和作业纪律，认真执行保休制度，班前充分休息，严禁班前、班中饮酒；严禁脱岗、串岗、私自替班或换班，不得做与工作无关的事情。

（2）新上岗、转岗、提职职工必须进行单位、车间、班组的三级安全教育及其他规定的安全教育，经培训考试合格后，方准上岗单独作业。学徒工、

实习人员、干部在参加劳动、学习期间，不准单独上岗。

（3）行车、特种作业人员，机械设备、工具操作人员，须经专业安全技术培训考试合格后，方准持证上岗。

（4）作业中必须按规定着装、佩戴防护用品和正确使用防护用具，严格执行安全技术操作规程。

（5）横越线路时，必须做到"一站、二看、三通过"，严禁抢越、钻车或穿越两车间隙，严禁在道心或枕木上行走，严禁扒乘机车车辆以车代步。

（6）上道检修人员应配备自动报警或通信联络工具，在设有来车报警设备的区段作业时，应按规定使用报警设备。接到来车通知后，必须停止作业，迅速撤离到安全地带待避车辆。

（7）电气化区段作业人员除落实上述措施外，还应严格执行《电气化铁路有关人员电气化安全规则》。

三、电气化铁路有关人员电气安全规则

为防止电气化铁路发生触电伤害事故，原铁道部早在 1979 年就颁布了《电气化铁路有关人员电气安全规则》（〔79〕铁机字 654 号），而新《电气化铁路有关人员电气安全规则》分为总则，一般安全规定，接发列车及调车作业安全规定，货运、装卸作业安全规定，栅车、动车、车辆作业安全规定，工务作业安全规定，电务作业安全规定，牵引供电、电力作业安全规定，电气化铁路附近消防安全规定，车辆行人通过道口安全规定，其他作业安全规定，附则共 12 章 52 条。

（一）一般安全知识

（1）所有接触网设备，自第一次受电开始，在未办理停电接地手续之前，均按有电对待。

（2）电气化铁路各单位必须组织所属有关职工认真学习《电气化铁路有关人员电气安全规则》，并按规定对有关职工每年至少进行一次安全考试，考试合格后，方准参加作业。临时指派到电气化铁路上工作的有关人员也同样应参加电气化知识培训和考试。

（3）除专业人员按规定进行作业外，任何人及所携带的物件、作业工器具、机械设备等须与牵引供电设备高压带电部分保持 2 m 以上的距离，与回流线、架空地线、保护线保持 1 m 以上的距离。

（4）电化区段所有接触网支柱、防护栅网上均设有"高压危险"警示标志，不准在支柱、防护栅网上搭挂衣物、攀登或在支柱、防护栅网上挂非牵引供电线索。

（5）在电气化区段作业遇雷雨时，作业人员应迅速放下手中的金属工具，不要在大树下、电杆（支柱）旁和涵洞内避雨。

（6）发现牵引供电设备断线时，应立即通知附近的接触网工区或电力调度，并保持 10 m 以上的距离。如发现已进入断线落点 10 m 范围内时，为避免跨步电压的危险，应单足或并双足跳离危险区。

（二）作业禁止事项

（1）在电气化区段内，禁止任何人攀登到车顶或车辆装载的货物上。

（2）电化区段所有接触网支柱上均设有"高压危险"警示标志，禁止借助接触网支柱搭设脚手架。

（3）电气化区段上水、保洁、施工等作业，不得将水管向供电线路方向喷射，站车保洁不得采用向车体上部喷水方式洗涮车体的方式（因水柱能导电）。

（4）牵引供电设备故障时，禁止与支柱、接地引下线、综合接地线接触，并保持安全距离。

（三）消防安全知识

（1）作业人员发现电气化铁路附近发生火灾时，必须立即通知列车调度员、电力调度员或接触网工区值班人员。

（2）距牵引供电设备带电部分不足 4 m 的燃着物体，用水或灭火器灭火时，牵引供电设备必须停电。

（3）距牵引供电设备带电部分超过 2 m 的燃着物体，使用沙土灭火时，牵引供电设备可不停电，但须保持灭火机具及沙土等与带电部分的距离在 2 m 以上。

四、铁路工务安全规则有关人身安全规定

为保证行车和人身安全，原铁道部颁布了《铁路工务安全规则》（铁道部令 177 号），自 2006 年 10 月 1 日起施行。其中第 3 章第 2 节《避车》中描写有关作业人员下道避车应遵守的规定，不仅适用于工务系统的作业人员，同样适用于接触铁路线路和机车车辆的所有铁路员工。

（一）距钢轨头部外侧距离

距钢轨头部外侧的避车距离是下道避车的横向安全距离。

（1）$v_{max} \leqslant 120$ km/h 时，一般应满足 2 m。

（2）120 km/h$< v_{max} \leqslant 160$ km/h 时，不小于 2.5 m。

（3）160 km/h$< v_{max}$. 缸$\leqslant 200$ km/h 耐，不小于 3.0 m。

（二）本线来车下道距离

（1）$v_{max} \leqslant 60$ km/h 时，不小于 500 m。

（2）60 km/h$< v_{max} \leqslant 120$ km/h 时，不小于 800 m。

（3）120 km/h$< v_{max} \leqslant 160$ km/h 时，不小于 1 400 m。

（4）160 kin/h$< v_{max} \leqslant 200$ km/h 时，不小于 2 000 m。

（三）本线不封锁时邻线（线间距小于 6.5 m）来车下道规定

（1）邻线速度 $v_{max} \leqslant 60$ km/h 时，本线可不下道。

（2）60 km/h$<$邻线速度 $v_{max} \leqslant 120$ km/h 时，来车可不下道，但本线必须停止作业。

（3）邻线速度 $v_{max} > 120$ km/h 时，下道距离不小于 1 400 m。

（4）瞭望条件不良，邻线来车时本线必须下道。

（四）本线封锁时邻线（线间距小于 6.5 m）来车下道规定

（1）邻线速度 $v_{max} \leqslant 120$ km/h 时，本线可不下道。

（2）120 km/h$<$邻线速度 $v_{max} \leqslant 160$ km/h 时，本线可不下道，但本线必须停止作业。

（3）邻线速度 $v_{max} > 160$ km/h 时，本线必须下道，距离不小于 2 000 m。

（五）站内其他线路避车规定

在站内其他线路作业，躲避本线列车时，下道距离不小于 500 m；邻线来车时，与正线相邻的站线按本条第一项和第三项办理，其他站线可不下道，但必须停止作业。列车进路不明时必须下道避车。

（六）其他避车规定

（1）速度小于 120 km/h 的区段，瞭望条件大于 2 000 m 时，钢轨探伤小车、轨道检查小车作业，邻线来车可不下道。

（2）人员下道避车时应面向列车认真瞭望，防止列车上的抛落、坠落物或绳索伤人。

（3）人员下道避车的同时，必须将作业机具、材料移出线路，放置、堆码牢固，不得侵入限界，两线间不得停留人员和放置机具、材料。

（4）步行上下班时，区间应在路肩或路旁走行；在双线区间，应面迎列车来的方向；通过桥梁、道口或横越线路时，应做到"一停、二看、三通过"，严禁来车时抢越。车站内如必须走道心时，应在其前后设置专人防护。进路信号辨认不清时，应及时下道避车。

复习思考题

1．请叙述《技规》对铁路职工的基本要求。

2．横越线路时的"一必须，三禁止"是什么？

3．电气化铁路的哪些处所带有高压电？

4．作业人员与牵引供电设备的安全距离是多少？

5．请叙述不同时速本线来车的下道距离。

6．安全生产行业标准是指什么？

7．调车作业标准分为哪几个部分？

8．调车作业人员的基本要求有哪些？

9．请叙述"一禁止、四严禁、二不准"的具体内容。

10．行车作业人员在接发列车时应做到什么？

第二篇　常见事故预防

第三章　预防机车伤害

机车车辆伤害是铁路运输生产过程中的主要伤害之一，在站场与线路上行走侵入限界、避车安全距离不够、施工作业防护不当、未执行作业安全标准等出现，极易造成机车车辆伤害。掌握预防机车车辆伤害的安全知识和作业防护技能，是确保铁路劳动安全的前提。

第一节　机车车辆伤害事故类型

所谓机车车辆伤害，是指铁路机车车辆在运行过程中发生碰、撞、轧、压、挤、摔等造成铁路作业人员伤亡的事故。铁路机车车辆是指在铁路线路上运行的铁路机车、客车、货车、动车组及各类自轮运转特种设备等。

按其造成伤害的主要因素可以分为：

（1）作业人员违章抢道、走道心、钻车底、跳车、扒车、以车代步、作业侵限等可能造成伤害的人为因素。

（2）线路上作业不设防护、作业防护不到位、作业环境不良、违章指挥等可能造成伤害的管理因素。

第二节　机车车辆伤害事故危险辨识

铁路作业人员在生产过程中，容易造成机车车辆伤害的危险和有害因素较多，根据事故致因理论，将事故致因因素分成人的因素、物的因素、环境因素和管理因素4个方面。

一、人的不安全行为

（1）作业人员安全意识淡薄，缺乏防护技能。如：作业人员没有树立安全意识，"安全第一"的思想移位，不遵守安全规章，存在侥幸心理，养成了惯性违章坏习惯；工作不认真，心不在焉，不考虑自身及他人安全，简化作业程序；作业人员岗位技能不扎实，应变能力差，未掌握相关安全作业标准及防护知识，缺乏安全防护技能等。

（2）作业人员侵入机车车辆限界。如：检查机车时侵入邻线；不按规定的走行线路行走；沿线路行走时走道心或踩轨枕木；在靠近线路旁坐卧、休息（图3-1）；未随时注意邻线机车、车辆动态；扒乘机车车辆、以车代步（图3-2）；接发列车时，未按照《站细》规定的地点站立；没有下道或下道不及时，距离线路的安全距离不够等。

图 3-1　在线路旁坐卧休息

图 3-2　以车代步

（3）作业人员盲目穿越线路。如：横越线路时，未执行"一站、二看、三通过"的规定；未确认机车是否工作、见车辆暂不移动就翻越车辆、钻车底（图3-3）；横越停留机车车辆的绕行线路的安全距离不够；在运行的机车车辆前抢越线路等。

（4）作业人员违章上道作业。如：未设防护或防护未到位，作业人员就上道作业（图3-4）；上道作业未按规定着装、佩戴防护用品和正确使用防护用具；天窗点外擅自上道作业；无计划上道作业；提前上道作业；不在规定区域和时间进行作业；在不具备作业条件的情况下上道作业；未设置防护信号便装卸、检车、整备等作业；防护中断脱节；下道避车不及时，避车安全距离不足等。

（5）作业人员违反调车作业标准。如：调车作业中未选好地点上下车、超速上下车、迎面上车、反面上下车；在运行中上下内燃、电力机车（设有上下车脚蹬的调车机除外）；在车辆未停稳时调整钩位；跨越车辆或骑坐车帮；在棚车顶部或装载超出车帮的货物上站立、行走；在车梯上探身过远、站在低于站台的车梯上（遇有站台时）；调车人员使用手制动机制动时未正确使用安全带；未设防护进入车挡摘接制动软管、调整钩位；使用铁鞋制动时未背向来车方向、徒手使用铁鞋等。

图 3-3 钻车底

图 3-4 未设置防护上道作业

（6）作业人员违反有关作业标准。如：机车动车前，未确认车组人员到齐和车上车下无其他作业人员即动车；运行中，机车乘务员未认真瞭望，未按规定鸣笛，遇有危及人身安全的情形时，未立即采取减速或停车措施；乘务员在机车、车辆运行中提车钩、摘制动软管或调整钩位；机车乘务员、检修人员及其他人员在列车运行中进行机车外部作业；电力机车、内燃机车、自轮运转设备等在运行中未关闭车门；人员探身车外瞭望作业时超出限界等。

（7）防护用品、用具的使用不规范。如：未正确使用劳动防护用品；夜间作业时穿戴无反光标志的防护服等。

二、物的不安全状态

（1）作业设备存在缺陷。如：调车作业时，机车车辆扶手、踏板、车辆闸台等稳定性差，强度不够；列车装载货物时的固定装置不良等。

（2）防护装置、设施存在缺陷。如：防护装置、设施损坏、失效、失灵；防护装置、设施使用不当；夜间作业方位灯显示不良；调车信号显示距离不够；机车车辆防护栏作用不良；调车跳车平台设置不合理；调车作业安全带功能失效等。

（3）劳动安全防护用品、用具存在缺陷。如：使用不符合标准的劳动安全防护用品、用具；防护用品、用具作用不良；高可视警示服反光标志失效；防护雨衣、防寒帽无耳孔等。

三、作业环境不良

（1）作业场所环境不良。如：作业处所多条线路间距离较近；作业通道狭窄、杂乱、不平整、湿滑；作业处所声音嘈杂；作业处所货物堆放安全距离不足，存在未回收的废旧轨料；调车作业处所未设置路肩、调车平台等。

（2）恶劣天气。如：寒冷的冬季进行室外作业；高温天气进行室外作业；作业时遇降雾、暴风雨（雪）、扬沙等恶劣天气。

（3）站场照明条件不良。如：照明灯具少，照明灯具作用不良、损坏严重等。

（4）特殊地形地貌。如：作业处所线路存在大弯道，瞭望条件不良；作业处所存在无避车台的桥梁、隧道；作业处所安全避车距离不够等。

四、安全管理缺陷

（1）安全规章制度不完善。如：单位安全管理职责不清；未根据实际情况制定相关安全规章制度；制定的作业标准不规范；作业项目缺乏安全控制措施；应急预案及响应存在缺陷等。

（2）安全培训教育不到位。如：未按规定对作业人员进行安全警示教育培训；未按规定组织作业人员进行安全防护知识学习；专职防护员未经专门培训考试便上岗等。

（3）监督检查不到位。如：单位对现场作业缺乏监督检查；检查发现违章、违纪现象不重视、无整改；处理影响安全的问题不主动、不迅速；检查发现安全问题后没有及时整改，未做到闭环管理等。

（4）劳动安全投入不足。如：劳动安全管理未投入相应资金支持；不按规定配发劳动保护用品用具；配发防护用品用具不全等。

第三节　站场与线路行走安全

如何在站内、区间行走是确保人身安全的关键，安全避车是避免被运行中的机车车辆碰撞而受到伤害的重要环节。铁路作业人员在站场或线路上行走、横越时，应严格遵守站场、线路行走和避车的相关规定。

一、站内、区间行走安全

（1）在站内行走应走车站固定行走线路。如站台或线路两侧平坦处。

（2）顺线路行走时，应走路肩（图3-5），并注意本线、邻线的机车、车辆和货物装载状态，严禁在道心、枕木上行走。不准脚踏钢轨面、道岔连接杆、尖轨等。

图 3-5　安全行走路肩

（3）在区间行走时应走路肩，不间断瞭望，在双线区间应沿着列车运行方向行走（图3-6），禁止在邻线和两线中间行走或躲避列车（图3-7）。

图 3-6　面迎列车运行方向行走

图 3-7　禁止在两线间行走或避车

（4）严禁扒乘机车、车辆，以车代步，禁止从行驶中的机车、车辆上跳下。

（5）不准在钢轨上、车底下、枕木上、道心里坐卧或站立。

（6）严禁在运行中的机车、车辆前方抢越。

（7）横越线路时，应走地道或天桥。必须横越线路时，应"一站、二看、三通过"，并注意左右机车、车辆的动态及脚下有无障碍物。

（8）横越停有机车、车辆的线路时，先确认机车、车辆暂不移动，然后在该机车、车辆端部 5 m 以外绕行通过。

（9）必须横越列车、车列时，应先确认列车、车列暂不移动，然后由通过台或两车车钩上越过，勿碰开钩销，要注意邻线有无机车、车辆运行，严禁钻车底。

（10）遇有降雾、暴风雨（雪）、扬沙等恶劣天气影响瞭望的情况时，应停止线上作业和上道检查，必须作业时，应采取特殊安全措施，保证来车之前按规定的距离及时下道。

（11）站内设备巡检时，应沿着列车运行方向行走，不准脚踏钢轨面、道岔连接杆及尖轨等处。放置的工具材料不准侵入建筑接近限界。作业人员接到来车通知后，应及时下道避车。双线地段巡检道岔时应面迎来车方向。遇大雨、大雾等恶劣天气时，禁止上道进行清扫作业，除雪以保畅通或处理临时故障时必须设好防护。

（12）禁止在桥梁、站台、路肩上骑自行车等交通工具。

（13）禁止在未设置避车台的桥梁上躲避列车。若通过桥梁或进入下一个避车台时，必须在确认具备安全通过条件后，方可通过桥梁。

列车动态；搬运材料、配件需在两线间行走时，应设置防护，不得紧靠线路。

二、避车安全

（1）高铁施工、维修及上道进行检查作业必须在关窗点内进行，天窗时段外不得进入封闭栅栏内。

（2）高铁地面信号设备故障处理必须采取临时封锁要点或在天窗点内进行。当设备发生故障，需在双线区间的一条线路上处理故障时，维护单位应按规定向列车调度员申请邻线限速（最高速度不得超过 160 km/h）。

（3）线路作业和巡检人员，必须熟悉管内的线桥设备情况、列车运行速度、密度和各种信号显示方法，并注意瞭望，及时下道避车。

（4）在双线或多线地段的一股线上的施工作业要杜绝在两线间、邻线或跨线避车。

（5）作业人员下道避车距离应遵守表 3-1 中的规定（《铁路工务安全规则》）。

表 3-1 下道避车距离

列车运行速度 v_{max}	距钢轨头部外侧距离	本线来车下道完毕距离
$v_{max} \leqslant 60$ km/h	应满足 2 m	不小于 500 m
60 km/h $< v_{max} \leqslant 120$ km/h	应满足 2 m	不小于 800 m
120 km/h $< v_{max} \leqslant 160$ km/h	不小于 2.5 m	不小于 1400 m
160 km/h $< v_{max} \leqslant 200$ km/h	不小于 3 m	不小于 2000 m

（6）邻线（线间距小于 6.5 m）来车下道应遵守表 3-2 中的规定（《铁路工务安全规则》）。

表 3-2 来车下道规定

条件		要求
本线 不封 锁时	邻线速度 $v_{max} \leqslant 60$ km/h 时	本线可不下道
	60 km/h $<$ 邻线速度 $v_{max} \leqslant 120$ km/h 时	来车可不下道，但本线必须停止作业
	邻线速度 $v_{max} > 120$ km/h 时	下道距离不小于 1400 m
	瞭望条件不良	邻线来车时本线必须下道
本线封 锁时	邻线速度 $v_{max} \leqslant 120$ km/h 时	本线可不下道
	120 km/h $<$ 邻线速度 $v_{max} \leqslant 160$ km/h 时	本线可不下道，但本线必须停止作业
	邻线速度 $v_{max} > 160$ km/h 时	本线必须下道，距离不小于 2000 m

（7）在站内其他线路作业，躲避本线列车时，下道距离不小于 500 m；邻线来车时，可不下道，但必须停止作业。列车进路不明时必须下道避车。

（8）速度小于 120 km/h 的区段，瞭望条件大于 2 000 m 以上时，钢轨探伤小车、轨道检查小车作业，邻线来车可不下道。

（9）人员下道避车时应面向列车认真瞭望，防止列车上的抛落、坠落物或绳索伤人。

（10）人员下道避车的同时，必须将作业机具、材料移出线路，放置、堆码牢固，不得侵入限界，两线间不得停留人员和放置机具、材料。

（11）在桥梁上和隧道内避车。列车通过的前 10 min，在桥梁上的作业人员应撤离至桥头路肩或进入避车台避车，严禁在涵顶（无护栏、距离不足）和无避车台的桥上避车；在隧道内的所有作业人员必须进入隧道避车洞内或撤离至隧道外的安全地点避车，严禁在隧道内其他地点避车。

（12）瞭望条件不良或联系中断情况下的避车。遇通信信号不良或瞭望条件不良，必须增加中间联络防护人员。如遇通话联络中断时，现场防护员必须立即通知所有作业人员携带机具（料）撤离到安全地点避车。待联络恢复正常后，按规定组织作业人员上道作业。

（13）道口岗位作业避车。列车通过道口时，道口看守员必须提前出务立岗，立岗接车位置应距钢轨头部外侧 3 m 以上。道口看守员必须按规定及时关闭道口栏木，监视机动车辆及行人情况，正确处置突发事件。

（14）遇有动车、直达、特快旅客列车通过时，严禁对相邻线路的列车进行现场技术作业。

第四节　预防机车车辆伤害安全知识和作业防护措施

铁路作业人员在施工维修作业、调车作业等生产活动中，违反预防机车车辆伤害的安全规定，不执行作业防护措施，是造成机车车辆伤害的直接原因。

一、施工维修作业安全

在线路上进行的施工维修作业主要涉及工务、电务、供电等专业的作业人员。

（一）作业安全基本要求

（1）作业人员在作业前必须充分休息，严禁饮酒，保持精神状态良好，作业中应按规定着装，正确佩戴劳动防护用品。

（2）行车设备管理单位要严格执行"行车不施工、施工不行车"的规定，对各类行车设备的检修应安排在"天窗点"内进行，并加强"天窗修"管理，提高天窗作业效率。

（3）凡在营业线进行的各类施工（含施工准备）、维修、检查等作业，必须设置驻站联络员和现场防护员，并佩戴相应的防护备品及用具，驻站联络员、现场防护员不得临时调换。

（4）遇有降雾、暴风雨（雪）、扬沙等恶劣天气影响瞭望时，应停止线上作业和上道检查，必须作业时，应采取特殊安全措施，保证在来车之前按规定的距离及时下道。

（5）接到来车信息后，作业人员应按规定距离到指定地点下道避车。人员下道避车应面向列车认真瞭望（图 3-8），防止列车上的抛物、坠落物或绳索伤人。

（6）在站内作业时，要时刻注意瞭望，关注列车的运行，根据站场线路布置，建立作业安全岛。

图 3-8　面向列车避车

（二）施工维修作业防护

《铁路营业线施工安全管理办法》（铁运〔2012〕280 号）第 104 条规定：施工和维修作业前必须按规定设置驻站（调度所）联络员、防护员，驻站（调度所）联络员或现场防护员不得临时调换。

现场防护员应根据施工作业现场地形条件、列车运行特点、施工人员和机具布置等情况确定站位和移动路径，并做好自身防护。

作业过程中，驻站（调度所）联络员与现场防护员必须保持通信畅通并定时联系，确认通信良好。一旦联控通信中断，作业负责人应立即命令所有作业人员下道。铁路局应制定驻站（调度所）联络员、现场防护员及施工负责人之间的联控办法，明确通信设备管理要求，对联控时机、联控内容、联控对象、联控标准用语及复诵确认等环节进行规范。

为此，各铁路局都制订了相关细化措施，如上海铁路局制订了以下防护措施：

（1）凡在营业线进行的各类施工（含施工准备）、维修，检查作业人员必须按规定着装，并在行车室和施工现场设置驻站联络员和室外专职防护员。

（2）防护员必须是相应工种岗位上的在职职工，且工作责任心强、业务熟练、应变能力强、身体健康，并由经过营业线施工安全知识培训考试合格，持证上岗人员担任。

（3）防护员在作业前必须参加作业安全预想会，掌握防护对象、作业内容、作业区段、作业人员等情况。

（4）防护员从作业人员离开班组或指定地点起至全部返回止，必须不间断防护（含往返路程）。

（5）防护过程中，应使用标准联系用语，定时联系，落实室内外复诵制度，必须严格执行防护员工作标准，不得做与防护工作无关的事情。

（6）施工负责人、防护员，必须携带列车无线调度电话等通信设备，随时监听列车运行情况。

（7）驻站联络员必须于室外作业人员出发前到达行车室开始防护，确认室内外作业人员已离开作业区域、并全部到达工区或指定安全地点后，方可终止防护。

（8）驻站联络员在作业过程中必须严格执行作业标准，密切监视列车运行情况，与车站值班员加强联系，随时掌握列车运行和调车作业动态，及时准确地把列车、调车动态通知室外专职防护员，监督现场人员及时停止作业，下道避车。

（9）室外专职防护员必须做到"最先上道，最后下道"。根据现场作业实际，选择瞭望条件较好、位置醒目、便于通知的安全处所进行防护工作，室外防护员接到来车（含邻线）通知或发现来车时，应及时通知、督促作业人员停止作业、下道避车。

（10）作业完毕，室外专职防护员必须在确认最后一名作业人员下道到达安全地点后，方可离开防护位置。

（11）当发出停止施工命令时，施工人员应立即撤除妨碍行车的一切障碍，按规定修整好线路，迅速下道至安全地点避车。

（12）在线间距不足 6.5 m 地段进行清筛、成段更换钢轨及轨枕、成组更换道岔、成锚段更换接触网线索等作业时，邻线列车应限速在 160 km/h 及以下，并按规定进行防护。

（13）施工现场四周，通行道路路口等地，须设置安全标志和警示牌；施工现场周围和悬崖、陡坡处应设置防护栏杆。

（14）既有线上施工必须根据铁路机车车辆限界和建筑接近限界，制定施工临时行车限界，施工人员严禁侵入临时行车限界。

（三）防护专用备品

防护专用备品主要包括：视觉信号、听觉信号和通信工具。

1. 视觉信号

视觉信号包括信号旗、双面信号灯、火炬等显示信号。

（1）信号旗：信号旗是用麻纱制成。红色——昼间要求列车停车；黄色——昼间要求列车降低到要求速度。

（2）双面信号灯：行车的一种多用手信号。当线路发生故障时，夜间用红灯，列车驾驶员看到此信号立即停车；当列车驾驶员看到黄灯时，应按规定降低到要求的速度运行；当驾驶员看到白灯正面迎车时，列车按规定速度运行；当列车驾驶员看到白灯上下急剧摇动时，要立即停车。

（3）火炬：火炬信号是通过发出强烈红火光，来要求紧急停车的视觉信号。线路发生故障时，如瞭望困难，遇降雾、暴风、雨、雪、沙尘天气或在夜间，应点燃火炬。

2. 听觉信号

听觉信号包括号角、口笛、响墩发出的音响或机车、轨道车的鸣笛声等。

（1）号角：工务常用的一种听觉信号。形状如牛角，铜制品。号角发出信号时，必须清晰、准确。在天气不良及防护距离较远时应加强复示与进行确认，以防止发生差错，造成不良后果。号角鸣示除按规定方法进行以外，还要注意鸣响的标准时间，长声为 3 s，短声 1 s，音响间隔 1 s；重复鸣示时需间隔 5 s。

（2）响墩：响墩信号是通过其发出强大的爆炸声，要求列车紧急停车的一种听觉信号。当线路发生故障、进行封锁施工时应按规定设置响墩。

75-1 型响墩为扁圆形，直径 60～65 mm，厚度 15 mm（带顶面镀锌铁皮），外壳由 0.2 mm 铁皮制成，中间装有炸药。一般质量约为 50 g，其中铁皮为 45 g，黑色炸药 5 g。为设置明显，响墩表明涂一层红铅油。响墩的有效期为出厂后两年，每年必须抽样检查一次。使用前用手拿起摇晃，炸药"哗哗"响时，说明炸药没有受潮，还可以使用。

（3）口笛：一般情况下，口笛作为现场防护员通知作业人员下道避车的工具，来车时，防护员通过口笛发出的声音及时通知作业人员下道。如在没有电话联系的条件下，口笛作为施工负责人与现场防护员联系的听觉信号，通过口笛发出的不同声音来区别现场防护的设置和取消。预报信号是下行一长声、上行两长声，表示通知施工负责人车站已对施工区间办理闭塞；确报信号是一长两短声，表示通知施工负责人车站已向施工区间发车；警报信号是一长三短声，表示通知施工负责人及全体施工人员列车已经接近；停车信号是连续短声；取消信号是两长一短声，表示通知施工负责人刚刚发过的预报（或确报）信号已予以取消。

3. 通信工具

施工维修作业常用的通信工具主要有对讲机、无线移动手机。满足驻站联络员和室外专职防护员以及作业人员之间的通信联络，及时掌握列（调）车动态，实现安全防护的作用。每隔 3~5 min 联系一次，并做好记录。

无线移动手机具有数字对讲、信息发布、即拍即传即播、通话保密、实时定位等功能。能实现单人、多人、群组的快速、清晰通信，用户之间时刻保持联系，对需要的群组实现实时定位管理。可以做到对紧急事件、突发事件的快速反应，准确应对。能同时把指令或消息传递给所有人员，提高工作和调度效率。同时无线移动手机还具备一定的防护功能，呈现功能多样化、操作简便化、使用多样化及覆盖范围广的特点。

二、调车作业安全

（一）调车作业前的安全要求

（1）所有铁路调车作业人员，应根据车站的技术设备条件和作业性质，执行相应的调车作业标准，必须熟知调车作业区的技术设备和作业方法，以及接近线路的一切建筑物、构筑物、堆积物的形态和距离。

调车人员进行作业时，如不熟悉线路附近的设备，随时可能发生危险。每个车站都应把让调车人员熟悉设备情况和了解发生变化的情况，作为一项必不可少的管理内容。

调车人员应熟悉车站的技术设备，如高站台、高路基、窄路肩、道岔鱼尾板、转辙机、信号机柱、接触网支柱等。

调车作业项目变化大，影响因素多，作业人员只有熟知调车作业方法，才能适应复杂多变的作业，才能与本组内其他人员配合默契，并在发生特殊情况时能采取应变措施。

（2）作业中严禁吸烟。如果在调车作业中吸烟，一方面易于造成火灾，另一方面风吹烟灰会导致迷眼、烧嘴，容易造成信号瞭望中断、错提、撞车等，甚至因为看不清上、下车地点，导致选择位置不当而被摔伤。

（二）调车中上、下车安全要求

（1）上车时，车速不得超过 15 km/h。下车时，车速不得超过 20 km/h。

按照惯性运动的原理，一般人快步跑能跟上车时的速度略高于 15 km/h。调车人员上车时，必须使自己顺车跑动的瞬时速度大于当时运行的机车、车辆的速度。当车速再高时，人有可能因跟不上而出现被拖、拉的情况。下车时要沿着机车车辆运行的方向顺着跑，如车速超过 20 km/h，落地后的人会来不及加快自己的瞬时速度，从而会造成摔伤。

（2）在路肩窄、路基高的线路上和高度超过 1.1 m 的站台上作业时，必须停车后再上下。因为在路肩窄、路基高的线路上进行调车作业时，上下车根本无法助跑。在 1.1 m 高的站台处，脚蹬在高站台下边，如利用扶手上下车极不安全，加上高站台货物堆放距离较近，所以要停车上下。

（3）登乘内燃、电力机车作业时，必须在机车停稳后再上下车（设有便于上下车的脚蹬的调车机除外）。因为内燃、电力机车没有便于调车作业的上下车脚蹬、扶手，所以作业时必须在机车停稳后再上下车。

（4）上车前应注意脚蹬、车梯、扶手、平车、砂石车的侧板和机车脚踏板的牢固状态。尤其对于杂型车辆更须注意，如脚蹬、车梯、扶手脱焊、扭曲及平车、砂石车侧板搭扣未扣牢，可能将人摔伤或压伤。

（5）不准迎面上车。正确的上车方式，应是调车人员顺车跑的瞬间速度大于车辆当时的运行速度，这样才能保证安全，如迎面上车，因为不能助跑，上车时，手脚必须一齐伸出，这样的上车方法，只要手脚有一处失误，就有造成坠车的危险。

（6）不准反面上下车。调车作业中，调车司机只能凭借调车长的信号显示确认调车人员的人身安全，如在反面上下车，万一发生问题，调车长无法照顾，也不便于显示，所以不准反面上下车。

（7）上下车时，要选好地点，注意地面障碍物。上下车时必须注意地面状况，是否平坦，有无障碍，如地面上有拉杆、导线、警冲标、制动铁鞋、弹簧握倒、绊倒、摔伤。

（三）调车中的车上作业安全要求

（1）禁止在车辆车钩上和平车、沙石车的边端或端板支架上坐立。如果在车上及平车、砂石车的边端或端板支架上坐立，容易从车上摔下或挤伤。

（2）禁止在棚车顶或装载超出车帮的货物上站立或走行。在车列、车辆走行中，加减速、停车或经过道岔、弯道时车身会左右摇摆，如在棚车车顶或装载超出车帮的货物上站立或走行，随时有被摔下的可能以及被上部建筑刮下的危险。

（3）禁止手抓篷布或捆绑货物的绳索，脚蹬轴箱或平车鱼腹形侧梁。手抓篷布或绳索有很大可能性摔下致伤。脚蹬轴箱或平车鱼腹形侧梁时，因轴箱盖上有油，脚容易滑下，鱼腹形侧梁边较窄，平车上又无扶手，人身安全无保障。

（4）禁止在车梯上探身过远，或经站台时站在低于站台的车梯上。在车梯上探身过远，经过信号机、仓库、煤台等处时，容易造成挤伤或被刮下。经过站台时，因站台距线路中心线 1 750～1 850 mm，而机车、车辆限界一侧为 600 mm（不含列车标志），车轴与站台的间隙只有 150～250 mm，如果作业时，站在低于站台的车梯上，将被挤伤。

（5）禁止在装载了易于窜动货物的车辆间和货物空隙间站立或坐卧。如在装载了易于窜动货物的车辆间和货物空隙间站立或坐卧，当减、加速或连挂冲撞时，容易造成货物窜动或倒塌，将人挤伤或被货物砸伤。

（6）禁止骑坐车帮。车辆术语中的"侧墙"和"端墙"，车站行车人员惯称为"车帮"。如骑坐在车帮上，在运行中遇有加减速、停车或经过道岔区摆动时，因无扶手，极易摔下。

（7）禁止跨越车辆（使用对口闸除外）。如跨越车辆，在车列、车辆运行中遇到司机撂闸或经过道岔处左右摇摆时，人容易摔下。使用对口闸时需跨越，应先抓牢对方闸盘后，方可跨越。

（8）禁止两人及以上的工作人员站在同一闸台、车梯及机车一侧踏板上。闸台面积较小，两人站同一闸台拧闸时，既不好用力，又站立不稳。车梯及机车一侧踏板上，不能两人站立，应分散在脚踏板的两端，不要接近车钩，以防一旦发现前方有危及安全的情况时，下车不及。

（9）禁止进入线路提钩、摘管或调整钩位。作业中遇钩提不开，制动软管未摘，或钩位不正，钩销不良等情况时，应停车处理。如在运行过程中作业人员边走边进行上述作业，一方面要处理车钩或制动软管，另一方面还要注意脚下障碍物或冰雪，往往顾此失彼，可能有伤亡的危险。

（四）调车中特殊作业安全要求

（1）手推调车时，必须在车辆两侧进行，并注意脚下有无障碍物。手推调车时，推车人员应在车辆两侧进行，不得立于两钢轨之间，应注意脚下有无障碍物，以防绊倒。如立于线路中间推车，道砟枕木高低不平，容易使人摔倒。

（2）去专用线或货物线进行调车作业时，须事先指派专人检查线路，掌握薄弱环节。按照《站细》规定的检查确认办法，检查线路。如经过无人看守的道口、道岔时要注意瞭望，提高警惕，检查有无障碍物；检查大门开启状态，装卸的货物是否侵入限界；夜间作业有无照明，地形条件是否复杂等因素，更应特别注意。

（3）带风调车作业时，必须执行一关（关折角塞门），二摘（摘制动软管），三提钩的作业程序。带风作业时，如未关闭折角塞门就摘制动软管，会由于风压冲击使制动软管剧烈摆动，容易将人打伤。

（4）调车作业时摘接制动软管、调整钩位、处理钩销时必须等列车、车列停妥，并得到调车长的回示后才可进行，昼间由调车长防护，夜间必须向调车长显示停车信号。

需要摘接制动软管、调整钩位、处理钩销时，必须进入两车间进行，危险性较大，运行中进行处理更容易危及人身安全，因此必须等车辆确已停妥，并向调车长显示停车信号，确认调车长已进行防护（昼间由调车长防护（红旗），夜间必须向调车员显示停车信号（红灯））后，方可作业。

（5）调车作业时调整钩位、处理钩销时，不要探身到两钩之间。对平车、砂石车、罐车、客车及特种车辆，应特别注意端板支架、缓冲器、风挡及货物装载状态。

调整钩位，处理钩销时必须停车。调整完毕后再进行连挂。连挂车辆时不准探身到两车钩之间。对于平车、砂石车、罐车等车辆，连挂时更应注意端板支架、缓冲器及货物装载状况。对客车及特种用途车，连挂时应注意"风挡""渡板"等，以免被挤伤。

（6）溜放调车作业应站在车梯上，一手抓牢车梯，一手提钩，不准用脚提钩或跟车边跑边提钩（驼峰调车作业除外），严禁在车列走行中抢越线路去反面提钩。

溜放调车作业时，起速快，要求提钩时机准确，所以要求一手抓牢车梯，一手提钩。不准用脚提钩或跟车边跑边提钩。遇提不开时，严禁在车列走行中抢越线路去反面提钩，以防脚下障碍物将人绊倒。

（7）单机或牵引运行时，严禁在机车前后端坐卧。单机或牵引运行时，前方进路的确认由机车司机负责，如果在机车前后端坐卧，一是夜间易变成昏昏欲睡的状态，二是一旦遇到意外情况，如道口交通肇事等，来不及下车。

（五）调车中制动作业安全要求

（1）使用手制动机时，必须系好安全带，做到"上车先挂钩、下车先摘钩"。手制动机盘上危险性大,松手制动机时,由于手制动机回弹力较大,易将双手甩脱。运行中,司机施行制动或连挂时冲撞,如不系好安全带容易将人摔下。平车、沙石车使用手制动机时,不能挂安全带,因闸杆位置低,安全带不起作用,必须站在车内制动。如装载窜动货物时必须有安全距离,要稳妥连挂或不得连挂,才能保证安全。罐车等虽有通过台,也要选好站立地点。

(2)调车作业中严禁使用折角塞门放风制动。如在运行过程中使用折角塞门放风制动,往往制动力大,会产生冲动;而使用简易紧急制动阀时,作业人员无牢靠的站立地点,容易摔下。

(3)使用铁鞋制动时,应背向来车方向,严禁徒手使用铁鞋,并注意车辆、货物状况和邻线机车、车辆的动态。严禁带铁鞋叉上车。如反手持叉下1鞋,可能因车辆撞击铁鞋叉的把手造成人身事故。如徒手使用铁鞋,可能挤伤手指或碰伤头部。如携带铁鞋叉上车,容易绊住人。

(4)使用折叠式手制动机,须在停车时竖起闸杆,确认方套落下,月牙板关好,插销插上后方可使用。车辆运行中做准备工作的困难较大,动作危险,时间短。因此,使用折叠式手制动机应在停车中做好准备,将闸杆竖起固定,检查方套铁、月牙板、插销是否良好(如有异状,禁止使用),将方套落下,月牙板关好,插上插销后方可试闸,以免在使用时手制动机歪倒,将手挤伤,或连人一起从车上摔下。

三、其他作业安全

(一)接发列车作业安全

(1)应熟知站内一切行车设备,并随时注意使用情况,如设备发生异状或变化时,应及时通知有关人员并采取安全措施。

(2)接发列车时,必须站在《站细》规定地点,随时注意邻线机车、车辆动态。

(3)向机车交递证时,须面向来车方向,交递后迅速回到安全位置。

(4)接车时要提前到达接车地点,蹲在两线中间的安全地点接车。狭窄线路,邻线上、下行同时到发列车时,要在两线外侧接发列车。

(5)接发列车要目迎目送,并注意车辆运行、货物装载、篷布绳索等的状态,防止意外伤人事故的出现。

(二)客运作业安全

(1)上道作业前,开展劳动安全预想预防活动。检查职工身体状态,合理安排作业计划，并配备对讲机，加强与行车部门的联系，掌握列车运行信息。

（2）严格遵守劳动纪律，作业前，必须穿戴好规定的有防护标志的防护服、防护帽、防护鞋，携带好作业备品。

（3）列车运行中严禁开车门探身瞭望、乘凉、扫垃圾。

（4）上水作业应提前进入作业线路安全地点等待列车进站，待列车停妥后方可进行上水作业，邻线有快速列车通过时，不得在通过一侧进行上水作业。

（5）站车保洁作业必须在明确作业流程，制定安全防护措施后，方可安排。须经培训合格后方可担任。

（三）机务整备作业安全

（1）机车动车前，必须确认车组人员到齐和车上车下无其他作业人员，先鸣笛，后动车。

（2）机车乘务员不准在机车、车辆运行中提车钩、摘制动软管或调整钩位；摘挂机车或中间站停车检查机车时不得侵入邻线；邻线有列车通过时，不得在列车的通过一侧检查机车。

（3）上下机车应在靠站台侧进行。禁止在邻近正线侧检查机车，特殊情况需要在邻近正线侧进行检查作业时，应通知车站并在采取防护措施后，方可进行。

（4）严禁飞乘、飞降机车、车辆和吊车。机车在走行中，严禁在外走板、梯子、排障器等机车外部站立或从事修理工作。

（5）严禁无资质人员启动柴油机、操纵机车。检修机车动车前，司机、交车工长和调车人员按职责检查机车是否具备走车条件，有无作业人员和障碍物，动车时由交车工长单一指挥。进行柴油机启动、空载试验前，司机必须先断开机控开关、励磁开关或走车闸刀，机车实行全制动。

（6）在机车整备作业过程中，司机、副司机应按各自职责和工作范围进行，并注意互相配合和联络；当副司机因作业离开司机室时，必须告知司机，特别在机车底部进行工作时，应打上止轮器并在操作手把上悬挂禁动牌。禁止在无地沟处钻入车底作业。

（7）驾驶途中严禁"三超一疲劳"（超速、超员、超载、疲劳驾驶）。严禁酒后驾车或带病出车。

（四）车辆检修作业安全

（1）列检人员要熟悉本站内线路、设备、建筑物及列车运行、调车作业、车辆取送等情况。列车技术作业要严格执行"整队出发，列队归所"制度，严禁单独行动，检查作业中列检人员在两侧平行作业时前后不超过一个转向架，并保持相互联系。

（2）在站内线路上检查、修理、整备车辆时，应在列车（车列）两端来车方向左侧钢轨上，设置带有脱轨器的固定或移动防护信号进行防护，前后两端防护距离不少于 20 m。防护距离不足时，列检值班员须通知车站见道岔锁闭在不能通往该线的位置，并按规定办理相应的确认手续。

（3）要严格执行插、撤安全防护信号联锁传递办法，不得隔位或用对讲机进行传递，严禁在无安全防护信号的情况下进行车辆检查和故障处理，严禁在列车运行中处理车辆故障，严禁在未设安全防护信号的列车（车列）中摘接长制动软管或车辆制动软管。作业完了必须在确认车下无人后方准撤除防护。

（4）旅客列车在到发线上进行技术检查时，用停车信号防护，可不设脱轨器。列检作业线路应平整，不得铺设凹型水泥轨枕，不得铺用大块石砟。

（5）列车试风，应按规定防护距离插设防护信号。严禁在未设防护装置的列车（车列）中接、摘地道长制动软管或车辆软管。

（6）对列检使用的轨边设施进行检修作业时，必须遵守《铁路营业线施工安全管理办法》的规定要求，设专人防护，不得单人作业。遇有列车通过时，必须停止作业。安全防护人员须经培训，并持证上岗。

（7）使用卷扬机或撬动车辆时，首先要掌握线路坡度、停车位置和人员作业情况，设专人指挥、瞭望，准备好制动措施，以防溜走碰撞、伤人。使用撬棍撬车时，最好使用专用的活头防滑撬棍，不准用腹都压撬棍。

（8）检查、测量轮对时，不得脚踩钢轨，要随时注意前后轮对的动态。并对前后轮对加设防溜动设施。溜放轮对要先检查确认线路无障碍物后，在有人防护的情况下进行。严禁骑跨钢轨推送轮对。

（9）乘务人员应做到列车开动前上车，停稳后下车。途中检查车辆时，应掌握停留时间和上车地点。中途处理故障时必须事先与车长联系，设置防护信号。遇有邻线列车通过时，不得在两线间进行作业。

（10）列车未停稳前不得打开车门。下车时要注意地面落脚处有无障碍物或坑注。要注意邻线车辆动态。

（11）列车运行中禁止打开车门处理车体外部故障。需要开车门、开窗瞭望时，只允许探出头部，不允许探身。

（12）在客车折返站和机保列车装卸线、备用线上进行检查作业时，要与所在站（列检所）有关人员保持联系，征得同意后设置好防护信号，再进行作业。

（13）进入保温车工作时要把车门打开。关闭车门时，要呼唤、瞭望、确认。

（五）装卸作业安全

（1）使用跳板跨线装卸时，应在跳板两侧不少于 20 m 的线路上设置防护信号。但跨越正线、到发线时，须经车站值班员同意。

（2）在线路上进行装卸作业或维修装卸机械时，如在到发线上，应得到车站值班员同意；如在调车线上，应得到调车领导人同意；如在装卸线上，应得到货运员同意，并按规定防护后，方可进行。

（3）装卸作业时，两个车组距离不足 40 m 时，应在两组车的外方设置防护信号。

（六）特殊情况下作业安全

（1）运行中，机车乘务员必须认真瞭望，确认信号，执行呼唤应答制度。特别是当列车运行至桥梁、隧道、道口、弯道、施工地段，在列车进、出站或遇雨、雾、雪等不良天气时，更要加强瞭望，按规定鸣笛。遇有危及人身和行车安全的情况时，应立即采取减速或停车措施。

（2）列车乘务人员在车站停车或区间被迫停车时，严禁从列车通过的邻线一侧下车进行任何检查作业。

（3）动车组车辆设备发生故障时，司机根据情况立即停车或及时报告列车调度员让他们安排车辆在最近的前方向站停车检查。司机向列车调度员提出限速运行请求，列车调度员根据司机请求，发布限速运行命令，司机办理完邻线限速手续后，随车机械师才能下车进行检查作业。

（4）在列检作业观场，如遇施工、堆放路料等原因影响列检作业和人身安全时，应停止该线路的列车技术作业。

第五节 事故案例分析

一、案例一

（一）事故概况

两名副司机去大同电力机车有限公司接新配属的 HXD2c 机车回送返段

途中，在丰沙线官厅站停留期间，去站外饭店吃饭并饮酒，返回站内押运的机车途中，两人坐在Ⅱ道 K81+595 处的右侧钢轨上，被上行通过的 64118 次货物列车撞轧造成死亡，构成责任铁路交通一般 A1 事故。

（二）事故原因

1. 酒后违章上道

新乡机务段新乡运用车间的两名副司机，安全意识淡薄，在押运车停留期间，外出违章喝酒，返回后又违章上道坐于钢轨上聊天，被列车撞轧身亡，其行为违反了《铁路运输安全保护条例》[国务院令第 430 号]第 59 条："任何单位或者个人不得实施下列危害铁路运输安全的行为"的第 8 款"在铁路线路上行走、坐卧"的相关规定和铁道部《铁路运输系统作业人员劳动安全关键点控制措施》[安监（2000）12 号]第 1 条："严禁班前班中饮酒"的规定，是造成事故发生的主要原因。

2. 班组安全联控失效

新乡机务段在外押运乘务员安全联控、互控不到位，按照押运工作分工，当事人应于 6 日 12 时至 24 时进行间休，但两人午饭后直接去网吧上网，直到 18 时 48 分结束，接着又去饭店饮酒直到 22 时返回。两人擅自外出，严重违章违纪。带班负责人疏于管理，班组其他成员缺乏互控，也是造成此次事故的重要原因。

3. 驻站联络员严重失职

"天窗修"作业结束后，驻站联络员在未得到现场作业负责人通知，不与现场防护员相互确认的情况下，盲目按调度命令时间销记。下行线开通后，87021 次货物列车从十家堡站开出，驻站联络员又漏通知了在区间作业的现场防护人员，是造成事故的又一主要原因。

4. 现场防护人员严重违章

现场防护人员违反沈阳铁路局《工务系统施工作业安全防护规定》，没有与驻站联络员随时保持联系，没有站在本线来车方向的路肩上，而是站在邻线的路肩上，导致被邻线列车隔开，失去了防护作用，是造成事故的重要原因。

（三）事故教训

1. 现场作业人员安全意识淡薄

现场作业人员没有拒绝违章指挥上道作业，没有拒绝，缺乏自我保护意识。上行 11102 次货物列车通过时，将现场防护人员和现场作业人员隔开，此时，现场作业人员没有按规定停止作业、下道避车；邻线通过的列车噪声严重干扰了现场作业人员的视听，导致本线来车不能及时被发现，失去了自我保护的时机。

2. 安全防护措施不落实

作业地点位于曲线上，瞭望条件不好，但作业现场既没有增设预告防护员，也没有在下行本线来车方向安设作业标，作业安全防护措施没有认真落实。

3. 严重违章违纪

两人间休期间擅自长时间外出到网吧上网，违反劳动纪律；当晚两人各饮一瓶多白酒，严重违反劳动纪律。

4. 安全意识薄弱

两人酒后无视自身安全，违章坐在线路钢轨上闲聊，导致被撞身亡。

5. 押运人员管理不严

一是新乡机务段对押运乘务员的管理办法不完善。新乡机务段制订的《关于下发（新接机车、回送机车安全运行措施）的通知》（新机段安〔2011〕120号）中规定："回送机车乘务员要坚守岗位，不得擅离机车。在异地滞留时间超过 24 h 以上的，应采取轮休的方式"，但未对押运乘务员轮休期间的管理做出具体、明确的规定。二是新乡机务段对押运乘务员管理不到位，考核不严格。

二、案例二

（一）事故概况

2012 年 8 月 22 日 7 时 15 分，沈阳铁路局四平工务段四平干线车间郭家店保养工区的 10 名线路作业人员，按"天窗修"调度命令，前往京哈下行线 K912＋00 至 K915＋00 处进行撤板捣固作业。7 时 33 分，上行 11102 次货物列车通过作业地点 K912＋800 处时，将站于上行路肩上的防护员与正在下行线路上作业的人员隔离开。此时，正在作业的代工长发现下行线 87021 次货物列车已经临近，慌忙呼喊人员下道，4 名作业人员下道不及，被列车碰撞，造成 3 人死亡 1 人重伤，构成铁路交通较大事故。（图 3-11）。

（二）事故原因

1. 现场作业违章指挥

"天窗修"作业结束后，现场负责人不与驻站联络员联系，违章指挥作业人员继续在线路上作业，在邻线有列车通过、防护员被列车隔开的情况下，没有要求职工停止作业、下道避车，是造成事故的主要原因。

2. 班前预想流于形式

作业前，车间副主任和代工长没有按规定组织召开班前会，只是简单地分派任务，致使作业人员不知道"天窗修"起止时间，不清楚安全防护安排，班前安全预想流于形式。

三、案例三

（一）事故概况

2012 年 6 月 7 日 9 时 12 分，青藏铁路公司德令哈工务段连湖线路车间泉水梁线路工区 1 名工长，带领 6 名线路工在青藏线连湖至欧龙山间下行线 K582＋740 处进行线路病害整治作业的过程中，3 名线路工被由西宁机务段担当牵引的 57907 次旅客列车碰撞，造成两名员工当场死亡，1 名在送往医院的途中死亡，构成责任铁路交通较大事故。定德令哈工务段负主要责任，追究西宁机务段同等责任。

（二）事故原因

（1）德令哈工务段泉水梁线路工区违反《铁路营业线施工安全管理办法》（铁办〔2008〕190 号）文件第 9 章第 32 条第 2 款的"'天窗'点外违章使用捣固机等机具上道整治线路病害"的相关规定。

（2）德令哈工务段泉水梁线路工区现场防护员违反了《铁路工务安全规则》有关规定，未及时通知现场作业人员下道避车且离岗参与作业，导致防护失效。（3）德令哈工务段泉水梁线路工区工长（作业负责人）擅离职守，离开作业地点从事其他工作，致使现场作业失控。

（4）西宁机务段 57907 次值乘司机违反《技规》270 条第 2 款的相关规定，运行中离开操纵台，向电热水壶中注水、烧水，中断瞭望，且在听到撞击异响时，臆测行车，既未采取停车措施，也未报告。

（三）事故教训

1. 现场作业安全管理混乱，群体惯性违章作业较为普遍

一是泉水梁线路工区作业人员不清楚每天天窗时间，不主动询问驻站防护员天窗时间，天窗信息传递存在隔阻。作业人员携带捣固机等工具，违章在天窗点外利路劳动用列车间隔时间作业。二是作业负责人为抢任务以规避经济考核，不仅带头违章上道，而且随意安排职工违章上道作业。三是现场防护员参与作业，中断防护。四是现场作业人员自我保护意识极差，将自身安全完全托付给现场负责人。

2. 安全管理制度不落实，干部履责不到位

一是该段、车间两级干部下现场只为完成量化任务，不能全过程跟班检查盯控，对作业现场长期存在的违章上道行为不能及时发现和制止或发现了也习以为常，默许放纵。二是连湖线路车间对已经排查出的上道作业劳动安全风险，没有进行有力制止和采取有效措施整改。

3. 安全防护员培训管理不到位，安全隐患突出

一是公司没有建立安全防护员培训管理制度，没有按要求将防护员作为铁路特有工种纳入资质管理。二是德令哈工务段部分安全防护员未经过专项资格培训和考试，无证上岗。三是防护员均为兼职，由工长随意指定线路工担任，且变动频繁，存在潜在安全隐患。

4. 天窗修管理不规范，天窗计划管理混乱

公司专业部门安排天窗时间不合理，检查该段 4、5、6 月份现场作业记录情况，发现维修天窗的实际给点时间均与日计划给点时间相差很大。同一工区所在区间同一行别每一天的维修天窗时段都不一样，且基本无规律可循。现场作业人员、维修作业负责人和防护员当日作业均无法提前确切知道何时可以开始作业，造成维修组织的混乱，增加不安全因素，客观上也使现场倾向于天窗点外作业。

四、案例四

（一）事故概况

2010 年 1 月 31 日 21 时 56 分，南昌铁路局南昌供电段南昌电力车间昌北网工区作业人员，前往京九线乐化车站处理 21 号接触网支柱倾斜故障。该工区作业人员乘接触网作业车到达车站，其中 4 名接触网员工下车，携带照明灯具和检修工具前往故障现场。途中，4 人违章沿京九线上行道心行走，当行至该站北端上行道岔区 K1442＋310 处时，1 人发现来车后跳下，其他 3 人被后方驶来的南昌—宁波的 2532 次旅客列车以 110 km/h 速度碰撞，当场死亡，构成责任铁路交通较大事故。

（二）事故原因

1. 盲目行走道心

在线路路肩具备行走条件的情况下，接触网工在前往处理设备故障的途中，盲目行走道心，其行为违反铁道部《铁路运输系统作业人员劳动安全关键点控制措施（试行）的通知》（安监〔2000〕12 号）第 5 款"严禁在道心或枕木头上行走"的规定，是造成事故的主要原因。

2. 防护严重失控

一是该工区工长布置完抢修任务分工后，便随驻站联络员乘汽车先行前往故障抢修现场，导致施工作业负责人与作业人员分离失控；二是 9 名作业人员于车站先后两批前往故障抢修现场，途中没有指定专人负责和防护，是造成事故的重要原因。

（三）事故教训

1. 制度措施执行不严格

昌北网工区未按规定进行作业分工和布置安全注意事项，该工区工长在接到处理故障通知后，既没有对抢修作业人员进行分工和布置安全注意事项，也没有设置防护人员，造成作业人员前往故障现场的过程中，处于无人指挥和失去安全监护的状态。

2. 安全管理不严格

段、车间对昌北网工区日常疏于严格管理，昌北网工区《安全检查指导簿》中没有车间干部检查情况的内容记载，班组工作日志空白，没有安全生产会议记录，无违章作业记录和分析，反映不出班组日常安全管理的情况。

3. 新职人员培训不到位

一是南昌供电段职教部门未按规定对新入职人员签订"师徒合同"，弱化了对新入职人员的安全包保、责任履行、作业监护和现场卡控工作；二是考试题目安全内容不全，缺少接触网工《劳动安全作业标准》等涉及人身安全的相关内容。

五、案例五

（一）事故概况

2009 年 5 月 17 日 11 时 30 分左右，上海铁路局安徽铁建集团公司所属天地达有限责任公司现场防护员带领安徽凤阳县劳务合作中心 17 名作业人员，在京沪上行线 K1314＋00—K1315＋00 处进行"集中修"清筛余土清理平整作业结束后，沿京沪上行线一侧路肩返回驻地洛社站，当行走至 K1312＋980 处（洛社站东侧 4 号道岔附近）时，因该处路肩堆放了施工用的水泥轨枕，现场防护员在与驻站联络员联系询问获悉无来车后，便指挥作业人员上道从上行线砟肩绕行，当行走至 K1312＋950 处时，被通过的 D5420 次列车碰撞，造成 2 人死亡，3 人重伤。构成责任铁路交通一般 A1 事故。

（二）事故原因

1. 作业人员违章上道，在返回驻地的途中行走线路选择不当

事发地点路肩上虽然因摆放了Ⅲ型水泥枕行走路肩带来不便，但并不影响作业人员的通行，而现场人员为贪图方便，从线路砟肩绕行，违反了"严禁在枕木头、道心行走"的规定，且背向来车方向，是造成本次事故的主要原因。

2. 作业防护失控

一是现场未派作业专职防护人员，现场作业分工中，安排了一名现场负责人兼职现场防护员；二是驻站联络员擅自离岗，驻站联络员在担任驻站防护期间，为办理其他事宜，在明知现场作业人员尚未返回驻地的情况下，擅自让他人临时顶班；三是临时顶班人员不具备驻站联络员条件，就盲目临时替岗，在不了解行车控制台显示状态、既不确认也不询问的情况下，盲目告复现场没有列车，是造成本次事故的又一主要原因。

3. 施工管理混乱

一是领导重视不够，方案不细、不严谨。该项作业组织从上海客运专线基础设施维修基地、天地达公司到凤阳县劳动服务中心等单位均忽略了安全管理，施工方案制订不细致，也不落实；二是一包了之，放弃管理。客专维修基地认为工程已经分包，故放弃施工安全主体责任，导致日常管理的松懈；三是施工管理存在漏洞。主业单位与集经单位在施工管理中，结合部存在漏洞，安全管理职责不清，是造成本次事故的重要原因。

（三）事故教训

1. 劳务工安全管理不严、教育培训不规范

凤阳县劳务合作中心对劳务工教育培训工作不到位，导致劳务工队伍素质参差不齐，安全意识淡薄，劳务工管理存在较大漏洞。

2. 施工组织方案不严密

组织方案不严密体现在没有将集中修过程中的清除余土作业项目纳入整体施工组织方案，对相关辅助作业重视不够，仅做一般性安排。相关单位负责人没有履行职责，日常管理流于形式。

3. 施工主体单位安全监管不力

客专维修基地将此作业项目发包以后，未对承包单位的安全管理履行监管职责，一包了之。

4. 专业管理不落实

专业部门对集经企业日常工作的管理和监督不到位，管理上缺少主动性、针对性，缺少必要的日常检查和指导。

5. 联劳协作配合不力

车站人员没有从大安全的角度对施工单位现场作业进行联劳协作。对于没有在车站"运统-46"登记的施工项目，不闻不问，造成结合部控制失效。

六、案例六

（一）事故概况

2012年2月12日0时39分，广州铁路集团公司汕头车辆段龙川客车运用车间当班的1名检车员，在接K636次进站作业时被列车撞伤，经抢救无效死亡，构成责任铁路交通一般B1事故。

（二）事故原因

盲目违章横越线路。该检车员在作业中，未按要求提前到达接车地点，

匆忙前去接车点时，也未认真确认 8 道的列车运行状态，导致身体侵入限界被机车刮碰，其行为违反原铁道部颁发的《铁路车站行车作业人员人身安全标准》（TB16995985）第 1.2 条"顺线路行走时，应走两线路中间，并注意邻线的机车、车辆和货物装载状态，严禁在道心和枕木头上行走，不准脚踏钢轨面、道岔连接杆、尖轨等"和《车辆部门安全技术规则》第 44 条："接车时要提前到达接车地点，蹲在两线中间安全地点接车"的规定，是造成事故的直接原因。

（三）事故教训

1. 基本规章制度不落实

龙川站客列检所检车员横越线路没有认真执行"一站、二看、三确认、四通过"制度，作业中盲目横越线路，惯性违章没有得到有效控制。

2. 车间安全管理不力

一是车间、班组未分层制订劳动安全关键点控制措施，未根据现场作业特点建立劳动安全关键点控制措施。二是车间未针对春运助勤人员制订有效的劳动安全卡控措施。现场作业盯控不到位，安全管理不严格。

3. 安全培训工作不到位

一是段职教科在新入职工人未经安全教育合格就签订"师徒合同"，违反三级安全教育管理规定。二是龙川北货车运用车间对新入职工人进行三级安全教育时存在"以考代培"现象，安全教育流于形式。

七、案例七

（一）事故概况

2011 年 9 月 24 日 0 时 05 分，呼和浩特铁路局呼和浩特电务段包东综合车间施工准备会结束后，30 名职工乘两辆汽车前往京包线公积坂站进行电务维修作业，23 名职工在中岔区下车，其余 7 名职工由汽车送往东咽喉，另有 3 人（其中现场防护员 1 人）在站内顺线路步行到现场。中岔区负责 71 号道岔的第 5 组的 3 名信号工到达现场后，在现场防护员未到场的情况下，就按照分工在 71 号道岔处进行道岔脱杆捣固施工准备工作，0 时 19 分下行列车与上行列车交会时，未能及时发现上行 II 道开过来的 DC664 次列车，没有及时下道被列车撞轧，造成 2 人死亡，1 人重伤，构成铁路交通责任一般 A 类事故。

（二）事故原因

1. 违章上道作业

呼和浩特电务段包东综合车间现场 3 名作业人员严重违反《铁路信号维护规则》第 125 条、《铁路营业线施工安全管理办法》（铁运〔2008〕190 号）第 71 条及《呼和浩特铁路局作业人员劳动安全控制措施》（呼铁监〔2006〕108 号）第 18.2 条施工安全的有关规定，在现场防护员还未到场并设好防护的情况下，便违章擅自上道进行准备作业，是造成此起事故的直接原因。

2. 专业管理不到位

电务处未能认真审核并纠正呼和浩特电务段施工组织方案的错误规定，到场组织施工的专业干部对安全防护设置安排不合理、作业人员违规提前上道作业没有及时制止，是造成此起事故的重要原因。

（三）事故教训

1. 职工现场作业严重违章

呼和浩特电务段包东综合车间作业人员在现场防护员还未到位、没有设好防护的情况下擅自违章上道，严重违反铁道部、铁路局施工安全管理的有关规定和人身安全防护制度。

2. 施工组织方案严重违规

呼和浩特电务段制定的"配合大机道岔脱杆捣固作业指导书"违反铁路局施工安全管理的相关规定，在施工封锁前没有慢行并不设防护的情况下，要求进行施工准备工作，埋下事故隐患。

3. 施工审核把关制度不落实

呼和浩特电务段制定的施工组织方案上报后没有得到认真审核并及时纠正施工组织安排的错误规定，专业管理不到位，为事故的发生埋下了隐患。

4. 施工安全防护设置不合理

作业人员先于防护员到岗，防护员滞后，以致现场安全防护出现空当。

5. 干部现场监控不到位

当日施工作业有 3 名干部到场盯控，但是对人身安全防护设置安排的不合理、作业人员违规提前上道作业视而不见，未及时制止，为事故发生埋下隐患。

6. 劳动安全教育培训效果不实

段、车间日常对人身安全和施工安全教育的重视不够，劳动安全培训"以考代培、重形式、走过场"，未能有效提高职工遵章守纪的自觉性和安全防范意识。

复习思考题

1. 什么是机车车辆伤害？

2. 造成机车车辆伤害的主要因素有哪些？

3. 顺线路行走的安全要求是什么？

4. 区间行走的安全要求是什么？

5. 如何横越线路？

6. 如何横越停有机车、车辆的线路？

7. 列车速度为 140 km/h，作业人员下道避车的安全距离是多少？

8. 桥梁上和隧道内避车有什么要求。

9. 施工维修作业前对作业人员有什么基本要求？

10. 施工维修作业对防护员的设置要求？

11. 施工维修作业时现场防护员应如何站位、移动？

12. 对调车作业人员的基本要求是什么？

13. 调车作业时对上、下车时的车速有什么要求？

14. 调车人员进行手推调车时有什么要求？

15. 调车作业使用铁鞋制动时有什么要求？

16. 机车整备作业过程中对机车乘务员有什么要求？

17. 车务人员在接车时有什么要求？

18. 在站内线路上检查、修理、整备车辆时有什么安全要求？

19. 在线路上进行装卸作业或维修装卸机械时有什么要求？

20. 动车组车辆设备发生故障，随车机械师下车进行检查作业的前提条件是什么？

21. 在机车运行中，对机车乘务员有什么安全要求？

第四章　预防机动车辆伤害

"开车上路，生命随行"这就要求我们时时刻刻要把安全驾驶放在首位。很多道路交通事故的发生都是因为交通违法行为导致的，对于机动车驾驶人员来说，严格执行交通法规的要求和规定，切实维护道路交通秩序，保障道路交通安全，关系到经济发展和人民的生命财产安全。

第一节　机动车辆事故类型

如何避免交通事故，已成为每一个驾驶人员高度重视的问题，而且越来越受到整个社会的关注。减少道路交通事故，避免人员伤亡，安全行车、平安出行是所有交通参与者的共同愿望，也是每一个家庭的愿望。

一、道路交通主要概念

"道路"是指公路、城市道路和虽在单位管辖范围内但允许社会机动车通行的地方，包括广场、公共停车场等用于公众通行的场所。

"车辆"是指机动车和非机动车。

"机动车"是指以动力装置驱动或者牵引，上道路行驶的供人员乘用或者用于运送物品以及进行工程专项作业的轮式车辆。

"非机动车"是指以人力或者畜力驱动，上道路行驶的交通工具，以及虽有动力装置驱动但设计最高时速、空车质量、外形尺寸符合有关国家标准的残疾人机动轮椅车、电动自行车等交通工具。

"交通事故"是指车辆在道路上因过错或意外造成的人身伤亡或财产损失的事件。

二、道路交通事故类型

（1）碰撞是指交通强者的正面部分与他方接触，或同类车的正面部分相互接触。

（2）碾压是指作为交通强者的机动车，对交通弱者的推碾或压过。

（3）刮擦是指相对而言的交通强者的侧面部分与他方接触，造成自身或他方损坏。

（4）翻车是指没有变成其他形态，部分或全部车轮悬空、车身着地的现象。

（5）坠车是指车辆的坠落。

（6）爆炸是指由于有爆炸物品带入车内，在行驶过程中由振动等原因引起突爆造成事故。

（7）由于人为或技术的原因引起的火灾。

三、道路交通事故特点

（1）随机性：交通系统是动态的系统，某个失误都可能引发整个系统的大事故。

（2）突发性：没有任何先兆，由于驾驶员反应不正确、不准确而操作失误或因不适宜导致的交通事故。

（3）频发性：车辆增加，交通量大，造成车辆与道路比例严重失调。

（4）社会性：道路交通是一种社会活动，是人们不可少的，社会分工越来越细，人们的协作和交往越来越密切，使人们在道路上的活动越来越多。

（5）不可逆性：指不可重现性，不能预测。

第二节　机动车辆伤害事故危险辨识

隐患、危险、事故成单向线性关系，只要消除隐患和危险中的一个环节就可以阻止事故的发生。因此，只有辨识出危险，才能分析危险、评价危险、控制危险或消除危险。根据事故致因理论，事故致因因素分为"人的因素、物的因素、环境因素、管理因素"4个方面。

一、人的不安全行为

（1）无证驾驶或驾驶无证机动车。

（2）酒后或疲劳驾驶机动车。

（3）驾驶超员、超载、超限机动车。

（4）驾驶车况不佳或性能不熟的机动车。

（5）驾驶与驾驶证准驾车型不符合的机动车。

（6）超速驾车或违章超车。

（7）驾车时拨打或接听手机。

（8）车门、车厢未关紧便启动机动车。

（9）驾驶机动车逆向行驶的。

（10）机动车乱停乱放的。

（11）机动车停留在坡道上没有拉紧手制动和挂在档位上。

（12）因睡眠、休息不足而导致精神不振。

（13）在高速公路上倒车、逆行、穿越中央分隔带掉头的。

（14）行人、自行车行经路口闯信号灯或不听指挥强行通过的。

（15）行人在设有中心隔离设施和行人护栏的道路上钻越、跨越护栏的。不走横道或不遵守交通信号的。

（16）在设有人行天桥、人行通道和漆画人行横道线处 100 m 范围内，不走天桥、通道、横道的。

（17）通过路口不走人行横道或不遵守交通信号的。在设有人行天桥、人行通道和漆画人行横道线处 100 m 范围内，不走天桥、通道、横道的。

（18）骑自行车时违章带成年人的。

（19）骑电动自行车时速超过 20 km/h 的。

（20）骑自行车走快车道的。

（21）行人横穿道路不走人行横道的。

二、物的不安全状态

（1）车型淘汰，已无配件来源的。

（2）轮胎没按规定进行换位或胎压过高的。

（3）车辆技术状况涉及驾驶转向系、制动系、行驶系、刮水器和照明装置等有故障的。

（4）维护保养不当，设备失灵。

（5）防护、保险、信号灯安全装置缺失或有缺陷。

三、作业环境不良

（1）雾、雨、雪、沙尘、冰雹等低能见度情况下的行驶

（2）驾驶人在夜间、黄昏、雨雾天气、冰雪道路、弯道、陡坡、交叉路

口、铁路平交道口及视线不良的路段等环境下行车、会车。

（3）驾驶人员在冰雪、积水或泥泞等湿滑道路上行车、会车。

（4）在窄桥、窄路、隧道、弯道等复杂危险地段上行车、会车。

四、安全管理缺陷

（1）对驾驶员教育培训不到位的。

（2）没有建立健全的汽车交通事故应急处置预案的或机动车安全管理制度不健全的。

（3）没有做到定期对汽车的灯光、制动、油、水润滑、刮雨器、发动机、紧固件、仪表指示灯进行监督检查的。

（4）没有对照"汽车安全检查表"的检查内容，逐台对汽车进行月度、年度技术鉴定的。

（5）没有切实加强驾驶员的培训教育，落实持"双证"上岗制度的。

（6）"安全监督岗"制度和"第一责任人"制度不落实的。

（7）在管内通道、工程便道等有机动车通过的危险处所，没有设置相应醒目、规范的安全标志或警示标志并采取限速措施的。

（8）在派车时没有与驾驶员开展安全预想，向其布置注意事项的。

（9）发现患有不宜驾驶的疾病，而没有及时调离驾驶员岗位的。

（10）强迫、指使、纵容驾驶员违反法律法规和安全操作规程的。

（11）违规对外租出、借出单位机动车的。

第三节　机动车驾驶人的安全要求和应急处置

行车中，各种险情大多是突然发生的，只有在瞬间作出正确判断，并采取相应的技术措施，才能阻止事故发生或减少事故损失、人员伤亡等。因此，机动车驾驶人员掌握安全驾驶技术和一些应急处置措施，对确保人身安全来说是非常必要的。

一、机动车驾驶人的安全要求

（一）机动车驾驶人员的基本要求

（1）机动车驾驶人员应当遵守《中华人民共和国道路交通安全法》，接受道路交通安全教育。

（2）机动车驾驶人员必须经公安机关交通管理部门考试合格，依法取得机动车驾驶证，方准驾驶车辆。驾驶证不准转借、涂改或伪造。

（3）机动车驾驶人员应当按照驾驶证载明的准驾车型驾驶机动车；驾驶机动车时，应当随身携带机动车驾驶证和行驶证。

（4）机动车驾驶人员在任何情况下，都不准将车辆交给没有驾驶证的人员驾驶。

（5）机动车驾驶人员驾驶机动车上道路行驶前，应当对机动车的安全技术性能进行认真检查；不得驾驶安全设施不全或者机能不符合技术标准等具有安全隐患的机动车。

（6）机动车驾驶人员应当遵守道路交通安全法律、法规的规定，按照操作规范安全驾驶、文明驾驶。

（7）饮酒、服用国家管制的精神药品或者麻醉药品，或者患有妨碍安全驾驶机动车的疾病，或者因为过度疲劳影响安全驾驶的，不得驾驶机动车辆。

（8）对强迫、指使机动车驾驶人员违反道路交通安全法律、法规和机动车安全驾驶要求驾驶机动车的行为有权拒绝。

（9）对乘车人违章携带易燃易爆等危险物品乘车、向车外抛洒物品、影响机动车驾驶人员安全驾驶的行为有权制止。

（二）机动车驾驶人员必须遵守的规定（简称"十不准"）

（1）不准无证驾驶或驾驶无证机动车。
（2）不准酒后或疲劳驾驶机动车。
（3）不准驾驶超员、超载、超限机动车。
（4）不准驾驶车况不良或性能不熟的机动车。
（5）不准驾驶与驾驶证准驾车型不符合的机动车。
（6）不准超速驾车或违章超车。
（7）驾车时不准拨打或接听手机。
（8）车门、车厢未关紧不准启动机动车。
（9）因违章违纪正待岗培训的不准其驾驶机动车。
（10）患有不宜驾驶的疾病的，不准其驾驶机动车。

（三）机动车驾驶人员岗位职责

（1）在汽车队（班）长的领导下，负责汽车运输工作。严格遵守上级有关汽车交通安全的各项规定，安全圆满地完成各项运输生产任务。

（2）爱岗敬业，钻研业务，培养良好的驾驶作风和职业道德。

（3）熟知汽车操作技术，对车辆勤保养、勤检查，保证汽车技术状态良好，杜绝汽车"带病"上路。

（4）认真执行汽车安全操作规程。坚持中速行车、安全礼让，严格遵守超车、会车、让车、停车的有关规定。

（5）认真执行驾驶员安全管理"十不准"制度。

（6）发生交通肇事后，必须立即停车，保护现场，抢救伤者并迅速报告公安交通管理部门，同时向单位有关部门进行汇报。

二、机动车驾驶人的应急处置

突发事件是指机动车驾驶人员在从事本岗位工作过程中突然发生的会造成或者可能造成人身安全危害或财产损失，需要采取应急处置措施予以应对的安全事件。

（一）应急处置原则

（1）沉着、冷静。遇到紧急情况，要保持沉着的心态、清醒的头脑，切勿惊慌失措。在瞬间作出正确判断，采取果断措施是做好避险的先决条件。

（2）重减速、轻方向。遇到紧急情况，首先是减速，只有当减速后仍然不可避免地要相撞时，才采取打方向避让的措施。高速时直接打方向，尤其是急打方向，往往会使本可避免的事故无法避免。

（3）先人后物，先人后己，当危及人员伤亡时应优先考虑保护人员。当自车和他车有可能发生危险时，应为对方提供安全的避让措施，把危险的避让措施留给自己。

（4）避重就轻，减少损失。危急关头，如何能避免重大事故、重大损失，就如何处置，可以不受交通法规的限制，把减轻事故损失后果放在首位。

（二）应急处置方法

1. 交通事故应急处置

（1）当发生交通事故后，立即在右侧或紧急停车带停车，并开启双闪危险灯，车后按规定设置警示牌，保护现场，驾驶员及其他乘车人员应撤离事故车辆，立即拨打110或122报警；如果事故车辆车门无法打开，驾驶员应立即使用应急锤砸破车窗玻璃，组织车内人员逃生；如果发现有人受伤时，应立即拨打 120 求助，因抢救受伤人员变动现场的，应当标明位置。并迅速报告执勤的交通警察或者公安机关交通管理部门及向单位车辆管理部门报告事故的有关情况，协助交警勘察、处理事故。

（2）在道路上发生交通事故，未造成人身伤亡，当事人对事实及成因无争议的，可以即行撤离现场，恢复交通，自行协商处理损害和赔偿的事宜；不即行撤离现场的，应当迅速报告执勤的交通警察或者公安机关交通管理部门。

2. 车辆发生火灾时的应急处置

（1）当发现火情时，驾驶员应立即疏散乘车人员逃离车辆，撤离到安全地带。同时拨打 110（119、122）报警，并利用车载灭火器进行灭火；如果火势较大，驾驶员无法控制时，立即通知车队，营运安全科，同时向火警 119、急救 120 报警。

（2）车辆发生火灾后，如果有人员伤亡，应立即拨打到 120 急救中心求救，并做好现场临时急救处理。

3. 行驶中轮胎爆裂应急处置

（1）如遇爆胎，特别是前轮爆裂时，双手紧握方向盘，尽力向车辆运动的反方向控制，严禁紧急制动，应利用手刹或轻踩制动，平稳停车。

（2）停车后按规定在车后设置警示牌。

4. 行驶中制动失灵的应急处置

（1）车辆行驶过程中突然出现制动失灵、失效，汽车仪表板上的制动报警灯发亮时，应立即减速将车开到路旁，检查并排除故障，或与维修站联系，待问题解决后再继续行驶。制动时，应采取点刹，即在制动踏板上多踏几脚的方式，便可在较长的制动距离内将车刹住。

（2）如果刹车全部失灵，驾车者要保持冷静，不要惊慌失措，根据现场情况，采取积极有效的措施。

① 行驶在高速路时的处理办法：应马上向紧急停车道变道，车辆进入紧急停车道后可以将变速器挂入 4 挡（以 5 挡手排挡变速器为例）行驶一段，然后再挂入 3 挡、2 挡、1 挡行驶，这样利用发动机的制动作用可以较快地将车速降下来。

② 行驶在普通道路时的处理办法：在普通道路上如果制动失灵，首先控制好方向并且快速地将变速器挂入 1 挡（这时松离合器一定要快），同时注意

观察，如果有条件，应变道绕过前方障碍物；在1挡时如果发觉汽车降速还是不够，则可以用连续不断地拉、放手制动的方法来进一步降低车速。

③ 车辆行驶在转弯路时的处理办法：在进入弯道或转弯之前制动便失灵时，先控制住方向并快速地抢入低挡，可以视情况决定是否利用手刹制动。

④ 车辆行驶在上坡路时的处理办法：在上坡时制动失灵，也应快速地抢入低挡，路况可以的话，慢慢地驶上坡顶，再利用手刹制动将车停住；如需半坡停车，应保持前进低挡位，踩下离合器，拉紧手制动将车停住；如果车辆有后溜的趋势，可以松一点离合器踏板，利用离合器的半联动将车辆控制在坡道上。

车辆行驶在下坡路时的处理方法：在下坡时制动失灵，千万不要心慌意乱猛拉手制动，可以用在普通道路上的应急方法来降低车速并停车，如果实在无法将车停住，而情况又非常危急，那只有选择路旁的围栏或障碍物，把车开上无人的一边，利用撞蹭减低车速，只有先保人后保车。

5. 转向突然不灵、失控时的应急处置

（1）驾驶人发现转向不灵时，正确的做法是：禁止使用紧急制动，迅速松抬加速踏板，将挡位换入低速挡。逐渐均匀地拉紧驻车制动。当车速降至适当后再踩下制动踏板减速、停车。

（2）装有助力转向的车辆，驾驶人员突然发现转向困难，操作费力，应尽快减速，选择安全地点停车，查明原因。

（3）转向失控后，若车辆偏离直线行驶方向，应果断地连续踩踏、放松制动踏板，使车辆尽快减速停车。事故已经无可避免时，应尽快减速，极力缩短停车距离，减轻撞车力度。

6. 车辆侧滑时的应急处置

车辆发生侧滑时应立即松抬制动踏板，同时向侧滑的一方转动转向盘，并及时回转进行调整，修正方向后继续行驶。车辆在泥泞路上发生侧滑时，应向侧滑的一侧转动转向盘进行适量修正。车辆因转向或擦撞引起的侧滑，不可使用行车制动。

7. 车辆掉入河水时的应急处置

车辆掉入河里，当河水很浅时，待车辆稳定后，摸清水流、水底情况，设法驶出或牵拉；若驾驶室被水淹没，不要急于开车门、车窗，待车厢或驾驶室被水灌满后，深吸气破窗或推门潜游而出。

8. 车辆水淹的应急处置

大、中城市遭遇暴雨袭击，凸显出人们防范意识不强、逃生技能缺乏的弊端，易造成在城市街道上、立交桥下的汽车内淹溺或窒息死亡，其逃生的应急处置方法是：

（1）在水浸没车身 1/5 时，车门能够很容易地打开，此时应果断打开车门弃车逃生。

（2）在水浸没车身 1/2 时；水压阻力很大，车门已不容易打开，应砸开车窗玻璃。

（3）汽车前后车窗玻璃不易被砸开，应果断砸开离自己最近的侧窗玻璃逃生。

（4）车内应常备尖头铁锤（安全锤）。皮鞋鞋跟、头枕支撑杆都不能砸开车窗玻璃。

（5）汽车掉落水中后车头沉入水中，车尾翘起，缓慢入水，但也不宜爬向后窗，而仍然需要果断从侧门逃生。如天窗能够打开，说明车内还有电，车内只有一个人可从天窗逃出，但若车内乘员多时则应果断打开侧门集体逃生。

（6）车落水后，车内人员因恐惧紧张而呼吸急促，车内氧气支撑不了多久，要保持镇定并果断砸窗自救。

（7）现在大部分轿车都是自动门锁，一旦被水浸泡，将导致停电，车门打不开，因此驾车者和乘车人员只有在第一时间内迅速将电动门锁解锁，才能保证在水中打开车门。

第四节　预防机动车辆伤害的安全知识

道路上通行的车辆驾驶人、行人、乘车人以及与道路交通活动有关的单位和个人应当遵守道路交通安全的有关法律、法规，熟知交通安全基本知识，保障道路交通有序、安全、畅通。

一、道路通行规定

（一）一般规定

（1）机动车信号灯和非机动车信号灯表示如下：

①绿灯亮时，准许车辆通行，但转弯的车辆不得妨碍被放行的直行车辆、行人通行。

②黄灯亮时，已越过停止线的车辆可以继续通行。

③红灯亮时，禁止车辆通行。

④在未设置非机动车信号灯和人行横道信号灯的路口，非机动车和行人应当按照机动车信号灯的表示通行。

⑤红灯亮时，右转弯的车辆在不妨碍被放行的车辆、行人通行的情况下，可以通行。

（2）人行横道信号灯的表示如下：

①绿灯亮时，准许行人通过人行横道。

②红灯亮时，禁止行人进入人行横道，但是已经进入人行横道的，可以继续通过或者在道路中心线处停留等候。

（3）车道信号灯表示如下：

①绿色箭头灯亮时，准许本车道车辆按指示方向通行。

②红色叉形灯或者箭头灯亮时，禁止本车道车辆通行。

（4）方向指示信号灯的箭头方向向左、向上、向右分别表示左转、直行、右转。

（5）闪光警告信号灯为持续闪烁的黄灯，提示车辆、行人通行时注意瞭望，确认安全后通过。

（6）道路与铁路平面交叉道口有两个红灯交替闪烁或者一个红灯亮时，表示禁止车辆、行人通行；红灯熄灭时，表示允许车辆、行人通行。

（二）机动车通行相关规定

（1）在道路同方向划有两条以上机动车道的，左侧为快速车道，右侧为慢速车道。在快速车道行驶的机动车应当按照快速车道规定的速度行驶，未达到快速车道规定的行驶速度的，应当在慢速车道行驶。有交通标志标明行驶速度的，按照标明的行驶速度行驶。慢速车道内的机动车超越前车时，可以借用快速车道行驶。

（2）机动车在道路上行驶不能超过限速标志、标线标明的速度。在没有限速标志、标线的道路上，机动车不得超过下列最高行驶速度：

①没有道路中心线的道路，城市道路最高行驶速度为 30 km/h，公路最高行驶速度为 40 km/h。

②同方向只有一条机动车道的道路，城市道路最高行驶速度为 50 km/h，

公路最高行驶速度为 70 km/h。

（3）机动车行驶中遇有下列情形之一的，最高行驶速度不得超过 30 km/h：

① 掉头、转弯、下陡坡时。

② 遇雾、雨、雪、沙尘、冰雹，能见度在 50 m 以内时。

③ 在冰雪、泥泞的道路上行驶时。

④ 牵引发生故障的机动车时。

（4）机动车超车时，应当提前开启左转向灯、变换使用远、近光灯或者鸣喇叭。

（5）在没有中心隔离设施或者没有中心线的道路上，机动车遇相对方向来车时应当遵守下列规定：

① 减速靠右行驶，并与其他车辆、行人保持必要的安全距离。

② 在有障碍的路段，无障碍的一方先行；但有障碍的一方已驶入障碍路段而无障碍的一方未驶入时，有障碍的一方先行。

③ 在狭窄的坡路，上坡的一方先行；但下坡的一方已行至中途而上坡的一方未上坡时，下坡的一方先行。

④ 在狭窄的山路，不靠山体的一方先行。

⑤ 夜间会车应当在距相对方向来车 150 m 以外时改用近光灯，在窄路、窄桥与非机动车会车时应当使用近光灯。

（6）机动车在有禁止掉头或者禁止左转弯标志、标线的地点以及在铁路道口、人行横道、桥梁、急弯、陡坡、隧道或者容易发生危险的路段，不得掉头。

（7）机动车倒车时，应当察明车后情况，确认安全后倒车。不得在铁路道口、交叉路口、单行路、桥梁、急弯、陡坡或者隧道中倒车。

（8）机动车遇有前方交叉路口交通阻塞时，应当依次停在路口以外等候，不得进入路口。

（9）机动车载物不得超过机动车行驶证上核定的载质量，装载长度、宽度不得超出车厢，并应当遵守下列规定：

① 重型、中型载货汽车，半挂车载物，高度从地面起不得超过 4 m，载运集装箱的车辆最高高度不得超过 4.2 m。

② 其他载货的机动车载物，高度从地面起不得超过 2.5 m。

客汽车行李架载货，从车顶起高度不得超过 0.5 m，从地面起高度不得超过 4 m。

（10）机动车载人应当遵守下列规定：公路载客汽车不得超过核定的载客

人数。载货汽车车厢不得载客。在城市道路上，货运机动车在留有安全位置的情况下，车厢内可以附载临时作业人员1～5人；载物高度超过车厢栏板时，货物上不得载人。

（11）机动车应当按照下列规定使用转向灯：

①向左转弯、向左变更车道、准备超车、驶离停车地点或者掉头时，应当提前开启左转向灯。

②向右转弯、向右变更车道、超车完毕驶回原车道、靠路边停车时，应当提前开启右转向灯。

（12）机动车在夜间没有路灯、照明不良或者在有雾、雨、雪、沙尘、冰雹等低能见度情况下行驶时，应当开启前照灯、示廓灯和后位灯，但同方向行驶的后车与前车近距离行驶时，不得使用远光灯。机动车雾天行驶时应当开启雾灯和危险报警闪光灯。

（13）机动车在夜间通过急弯、坡路、拱桥、人行横道或者没有交通信号灯控制的路口时，应当交替使用远近光灯示意。

（14）机动车驶近急弯、坡道顶端等影响安全视距的路段以及超车或者遇有紧急情况时，应当减速慢行，并鸣喇叭示意。

（15）机动车在道路上发生故障或者发生交通事故，妨碍交通又难以移动时,应当按照规定开启危险报警闪光灯并在车后50 ～100 m处设置警告标志，夜间还应当同时开启示廓灯和后位灯。

（16）驾驶机动车时不得有下列行为：

①在车门、车厢没有关好时行车。

②在机动车驾驶室的前后窗范围内悬挂、放置妨碍驾驶人视线的物品。

③有拨打接听手持电话、观看电视等妨碍安全驾驶的行为。

④下陡坡时熄火或者空挡滑行。

⑤向道路上抛洒物品。

⑥连续驾驶机动车超过4 h未停车休息或者停车休息时间少于20 min。

⑦在禁止鸣喇叭的区域或者路段鸣喇叭。

（17）机动车在道路上临时停车，应当遵守下列规定：

①在设有禁停标志、标线的路段，在机动车道与非机动车道、人行道之间设有隔离设施的路段以及人行横道、施工地段，不得停车。

②交叉路口、铁路道口、急弯路、宽度不足4m的窄路、桥梁、陡坡、隧道以及距离上述地点50 m以内的路段，不得停车。

③公共汽车站、急救站、加油站、消防栓或者消防队（站）门前以及距

离上述地点 30 m 以内的路段，除使用上述设施的以外，不得停车。

④ 车辆停稳前不得开车门和上下人员，开关车门不得妨碍其他车辆和行人通行。

⑤ 路边停车应当紧靠道路右侧，机动车驾驶人不得离车，上下人员或者装卸物品后，立即驶离。

（18）机动车行经漫水路或者漫水桥时，应当停车察明水情，确认安全后，低速通过。

（19）机动车辆通过道口的规定。新建电气化铁路在接触网送电前，施工、建设单位必须按规定设置道口限界门。机动车通过电气化铁路平交道口时，从地面算起，其装载的货物高度不得超过 4.5 m 或触动道口限界门的活动横板吊链。否则，禁止通过或按上述规定降低装载的货物高度后方可放行。从地面算起，装载货物高度超过 2 m 的车辆通过电气化铁路平交道口时，随车人员须下车步行，待车辆通过道口后再上车乘坐；不得置身于货物之上随车辆通过道口。机动车载运超限物品行经铁路道口的，应当按照当地铁路部门指定的铁路道口、时间通过。

（三）乘车人规定

乘坐机动车时，应当遵守下列规定：

（1）乘坐副驾的人员应系好安全带。

（2）在机动车道上不得从机动车左侧上下车。

（3）机动车行驶中，不得干扰驾驶，不得将身体任何部分伸出车外，不得跳车。

（4）乘坐两轮摩托车时应当正向骑坐。

（四）高速公路行驶的相关要求

在高速公路上行驶时应严格遵守高速公路的有关规定，小型载客汽车最高车速不得超过 120 km/h，其他机动车不得超过 100 km/h。

（1）在雾、雨、雪、沙尘、冰雹等低能见度气象条件下时，应当遵守下列规定：

① 能见度小于 200 m 时，开启雾灯、近光灯、示廓灯和前后位灯，车速不得超过 60 km/h，与同车道的前车保持 100 m 以上的距离。

② 能见度小于 100 m 时，开启雾灯、近光灯、示廓灯、前后位灯和危险报警闪光灯，车速不得超过 40 km/h，与同车道前车保持 50 m 以上的距离。

③ 能见度小于 50 m 时，开启雾灯、近光灯、示廓灯、前后位灯和危险报警闪光灯，车速不得超过 20 km/h，并从最近的出口尽快驶离高速公路。

（2）机动车在高速公路上行驶，不得有下列行为：

① 倒车、逆行、穿越中央分隔带掉头或者在车道内停车。

② 在匝道、加速车道或者减速车道上超车。

③ 骑、轧车行道分界线或者在路肩上行驶。

④ 非紧急情况时在应急车道行驶或者停车。

第五节　事故案例分析

一、案例一

（一）事故概况

1999 年 5 月 26 日，原柳州铁路局第二线桥大修段第二施工队在黔桂线八圩站至关东站进行换轨枕及抬道施工的作业。由该队司机驾驶红叶牌 49 座中型客车，运送 58 名临时工从广西南丹县瑶寨去八圩施工的途中，当车辆行驶至小场至八圩间乡村公路 14 km + 600 m 处时，不慎翻至 40 m 山坡下，造成 8 人死亡、4 人重伤、38 人轻伤，构成道路交通重大死亡事故

（二）事故原因

1. 应急处置不当

该车司机行车途中安全意识不强，在机动车辆车轮制动毂进水情况下，没有提前试闸，当车辆下坡急转弯时，脚刹失灵、拉手刹和抢低速挡未能奏效，致使该车翻至 40 m 山坡下，是造成事故的直接和主要原因。

2. 安全措施缺失

第二线路大修段对本段使用机动车辆运送临时工翻越盘山道上下工，没有制订相应的安全防范措施；第二施工队对机动车辆行驶乡村公路危险路段运送临时工，没有制订专门的安全制度，是造成事故的间接原因。

三、事故教训

（1）驾驶员道路交通安全意识淡薄。第二线桥大修段第二施工队驾驶员

对出车前、行驶中、圆场后须进行检查保养的制度执行不力，特别是车辆的检查保养制度执行不力。

（2）机动车辆日常维修保养工作不到位。第二线桥大修段第二施工队机动车辆日常维修保养工作有漏洞，机动车辆部件性能未能处于良好状态，特别出车前的安全检查措施未能得到落实。

（3）机动车辆专项整治工作不力。第二线桥大修段机动车辆管理不严格，没有杜绝客货混载货车载人的问题。

二、案例二

（一）事故概况

2002年6月29日7时10分，兰州铁路局天水电务段汽车司机驾驶依维柯客车，载15名职工由该段驻地前往渭南镇车站执行宝兰二线配合施工任务，当车辆行至国道45号公路唐家风台公路隧道东进口内104 m（天谗段12 km + 106 m）处时，与因故障停留在隧道内同向右侧的一解放牌大货车尾部相撞，造成依维柯客车中8人死亡，8人受伤，构成责任特大交通事故。

（二）事故原因

（1）天水电务段依维柯客车司机，在隧道进口设有限速标志情况下，思想麻痹，违章超速，遇突发情况制动不及，是造成事故的直接原因。

（2）地方解放牌大货车在隧道内发生故障违章停车，是造成事故的间接原因。

（三）事故教训

（1）依维柯客车司机违反《道路交通安全法》有关规定，在隧道进口设有限速标志的情况下，思想麻痹，违章超速，遇突发情况制动不及，造成追尾事故。

（2）地方解放牌大货车在隧道内发生故障需要临时停车时，违反交通法中有关停车的规定，没有选择在安全地点停放，及时打开危险警告灯，设置警告标识。

（3）天水电务段对交通安全管理重视不够，教育培训流于形式，干部监管不到位，对身边发生的超速等违章问题视而不见，未能超前预防重特大交通事故。

三、案例三

（一）事故概况

2008 年 2 月 9 日 11 时，青藏铁路公司西宁车辆段搭载拉萨西综合列检车间动态检测班的 3 名作业人员，汽车司机驾驶丰田 4500 越野汽车从拉萨前往青藏铁路格拉段妥如车站处理位于下行的 THDS 红外线轴温探测系统设备故障。13 时 04 分，当汽车行至国道 109 线 3 773 km + 800 m 处（西藏当雄县宁中乡境内），由于超速行驶，造成翻车事故，造成乘车的 3 人当场死亡，汽车司机重伤，构成道路交通较大死亡事故（图 4-1）。

图 4-1 "2·9" 道路交通较大死亡事故车辆

（二）事故原因

根据拉萨市公安局交通警察支队事故处理大队出具的《交通事故认定书》事故认定：驾驶员因违反《中华人民共和国道路交通安全法实施条例》第 45 条第 2 项的规定，对此事故负全部责任。3 名乘车人在此次事故中无责任。

1. 驾驶员超速行驶

驾驶员在驾驶机动车辆的过程中，严重违反《中华人民共和国道路交通安全法实施条例》第 45 条第 2 项 "同方向只有一条机动车道的道路，城市道路为 50 km/h，公路为 70 km/h" 的相关规定，超速行驶、操作不当是造成该起事故的主要原因。

2. 车间管理不到位

西宁车辆段拉萨西综合车间日常对汽车交通安全的管理不到位，汽车驾驶员安全意识不强，是造成该起事故的重要原因。

3．监督检查不到位

西宁车辆段对异地车间汽车交通安全管理不重视，监督、检查落实不到位，管理力度不够，是造成该起事故的管理方面的原因。

（三）事故教训

1．组织驾驶员学习不够

西宁车辆段未能按规定定期组织驾驶员进行安全教育培训和道路交通法规学习，没有定期对各部门、车间开展教育培训及考试情况进行检查，致使驾驶员安全意识薄弱和业务素质不高。

2．西宁车辆段管理不严

车辆段没有严格控制沿线机动车辆的使用，未能细化、明确管辖内各路段车辆行驶速度和控制车辆运行区段。

3．异地车间管理薄弱

异地车间对机动车辆的日常维护保养不到位，对于车辆是否"带病"出车的检查不彻底，日常工作没有严格做到"出车前、行驶中、收车后"的例行检查。

四、案例四

（一）事故概况

2011年4月18日的10时，成都铁路局西昌工务段普雄桥路车间驾驶员驾驶的猎豹越野车，搭载该车间2名干部，到喜德检查桥路施工及防洪看守点工作情况。23时，检查工作结束坐车返回，当汽车行驶至凉山州越西县境内208省道（137 km + 200 m）左转弯处时，该车右前轮爆胎，刹车失灵，方向失控，坠落于公路右侧9.5 m高的坡下，乘车的1名干部死亡，另1名干部重伤（图4-2）。

（二）事故原因

根据越西县公安局交通警察大队出具的《道路交通事故认定书》认定：该事故驾驶人正常驾驶，因该车右前轮突然爆胎造成翻车。该事故属于交通意外事故。但该起事故是西昌工务段汽车驾驶员单方肇事，根据《成都铁路局安全监督管理办法办公室铁路运输生产企业作业人员伤亡事故调查处理办法》（成铁监管办〔2011〕1号）有关规定，将该事故列为西昌工务段责任事故。

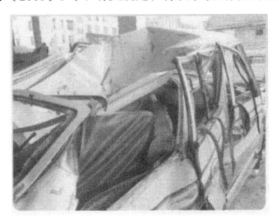

图4-2 "4·18"道路交通事故车辆

（三）事故教训

1. 执行安全规定不严格

西昌工务段普雄桥路车间没有严格执行"禁止在不具备行驶条件的雨、雾、凝、冻天气下出动汽车；禁止作业人员上下班乘坐无营运资格的摩托车、农用车等车辆；禁止驾驶员酒后驾驶、疲劳驾驶和超速驾驶；禁止非专职司机驾驶公车"等规定，盲目出车。

2. 机动车技术状况不良

西昌工务段普雄桥路车间驾驶员出车前没有认真检查机动车技术状况，特别是对车辆走行、制动、方向装置存在的安全隐患，没有及时处理。

3. 驾驶员操作技能欠缺

西昌工务段对驾驶员日常教育培训不到位，没有按规定聘请公安交警部门人员对驾驶员进行定期、系统性的培训，导致驾驶员交通安全法制和责任意识不强，应急处置技能不高，车辆行驶中遇突发情况临危慌乱、操作不当。

复习思考题

1. 什么是交通事故？

2. 道路交通事故可分为哪 7 种类型？

3. 交通事故特点是什么？

4. 列举出 8 种驾驶人的不安全行为？

5. 列举出 5 种机动车管理的不利因素。

6. 机动车驾驶人必须遵守的"十不准"规定是什么？

7. 机动车驾驶人岗位职责有哪些？

8. 发生交通事故有人员伤亡时如何处置？

9. 行驶中轮胎爆裂应该怎么处置？

10. 转向突然不灵、失控时的应急处置方法是什么？

11. 车辆掉入河水时应急处置方法是什么？

12. 车辆被水淹没时应急处置方法是什么？

13. 乘坐机动车应当遵守哪些规定？

14. 机动车在道路上临时停车，应当遵守哪些规定？

15. 高速公路上在有雨雪等能见度低条件下，应当遵守哪些规定？

第五章　预防触电

电气设备设施在铁路运输生产经营中得到大量运用，因各种外在因素，如接触不良、接线松脱、绝缘老化破损，形成漏电、短路等会引发电气事故的因素，甚至发生触电伤亡或电气火灾事故。特别是电气化铁路接触网设备带有 25 kV 的高压电，更应注意对触电事故的预防。为了适应电气化铁路劳动安全管理的特点和要求，防止可能发生的触电伤亡事故，确保安全生产和从业人员的生命财产安全，确保运输生产经营的顺利进行，应严格遵守国家铁路安全法规和电气化铁路安全规定。

第一节　触电事故类型

电流通过人体叫触电。人体触电的方式有以下几种：直接接触触电、间接接触触电、跨步触电、高压电场对人体的伤害、静电对人体的伤害、雷电。触电时人体会受到某种程度的伤害，按其形式可分为电击和电伤两种。

一、直接接触触电

人体直接接触或过分靠近电气设备及线路的带电导体而发生的触电现象称为直接接触触电，如单相触电、两相触电、电弧伤害等。

（一）单相触电

当人站在地面上或其他接地体上，人体的某一部位触及一相带电体时，电流通过人体流入大地（或中性线），称为单相触电。对于高压带电体，人体虽未直接接触，但由于超过了安全距离，高电压对人体放电，造成单相接地而引起的触电，也属于单相触电。

图 5-1（a）为电源中性点接地运行方式时，单相的触电电流途径。图 5-1（b）为中性点不接地的单相触电情况。

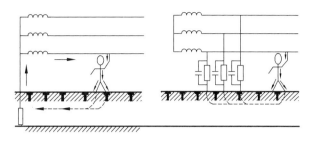

（a）中性点直接接地　　　（b）中性点不直接接地

图 5-1　单相触电

一般情况下，接地电网里的单相触电较不接地电网里的危险性更大。低压电网通常采用变压器低压侧中性点直接接地和中性点不直接接地（通过保护间隙接地）的接线方式。

1. 中性点直接接地

中性点直接接地的后果与人体和大地间的接触状况有关。如果人体站在干燥绝缘的地板上，因人体与大地间有很大的绝缘电阻，通过人体的电流就很小，就不会有触电危险，但如果地板潮湿，那就有触电危险了。

在低压中性点直接接地的情况中，单相触电事故在地面潮湿时易于发生。单相触电是危险的，如高压架线断线，人体碰及断导线往往会导致的触电事故的发生。此外，在高压线路周围施工，未采用安全措施，碰及高压导线触电事故也时有发生。

2. 中性点不直接接地

这种情况下，电流将从电源相线经人体、其他两相的对地阻抗回到电源的中性点，从而形成回路。此时，通过人体的电流与线路的绝缘电阻和对地电容的数值有关。正常情况下，设备的绝缘电阻相当大，通过人体的电流很小，一般不致造成对人体的伤害。

（二）两相触电

人体同时接触带电设备或线路中的两相导体，或在高压系统中，人体同时接近不同相的两相带电导体，而发生的电弧放电，电流从一相导体通过人体进入另一相导体，构成一个闭合回路，这种触电方式称为两相触电，如图5-2所示。

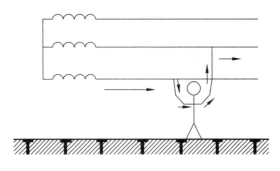

图 5-2 两相（双极）触电

两相触电加在人体上的电压为线电压，因此不论电网的中性点接地与否，其触电的危险性都最大。

两相触电时，作用于人体的电压为线电压，电流将从一相导线经人体流入另一相导线，这是很危险的。设线电压为 380 V，人体电阻按 1 700 Ω 考虑，则流过人体内部的电流将达到 224 mA，足以致人死地。所以两相触电要比单相触电严重得多。

发生两相触电时，作用于人体上的电压等于线电压，这种触电是最危险的。

总之，直接接触触电时，通过人体的电流较大，危险性也较大，往往会导致死亡事故，所以要想方设法防止直接接触触电的情况出现。

二、间接接触触电

间接接触触电是由于电气设备（包括各种用电设备）内部的绝缘故障，而造成其外露可导电部分（金属外壳）可能带有危险电压（在设备正常情况下，其外露可导电部分是不会带有电压的），当人员误接触到设备的外露可导电部分时，便可能发生触电。

（一）跨步电压触电

跨步电压是指电气设备发生接地故障或电力系统一相发生接地短路时，电流从接地处四散流出，在地面上形成不同的电位分布，人走近短路点时，两脚之间的电位差，如图 5-3 所示。当跨步电压达到 40 V 以上时，人会触电危险，特别是人被跨步电压击倒后加大了人体的触电电压，从而造成意外和死亡。发现有跨步电压的危险时，应单足或并双足跳离危险区，亦可沿半径垂直方向小步慢慢退出。

图 5-3　跨步电压

（二）感应电压触电

由于带电设备的电磁感应和静电感应的作用，将会在附近的停电设备上感应出一定电位。高压双回路、多回路同杆架设以及两条平行架设的线路，如果一条线路带电，会造成另外停电的线路带电，特别是当和停电检修平行接近的带电线路出现三相不平衡或单相接地时，对停电线路的感应使其意外地带有危险电压，称为感应电压。

感应电防护办法：当线路电压等级在 220 kV 及以上时，感应电压已经不容忽视，必须采取措施加以防护。其根本的办法是：穿上既能与地有良好接触，又有一定屏蔽作用的静电防护服或导电鞋，以保持人体与地的良好接触向大地流泄电荷。

（三）雷电触电

雷击可分为直击雷和感应雷。直击雷是云层与地面凸出物之间的放电；感应雷分为静电感应雷和电磁感应雷。

静电感应雷：是由于带电积云接近地面，在架空线路导线或其他导电凸出物顶部感应出大量电荷引起的。

电磁感应雷：是由于雷电放电时，巨大的冲击雷电流在周围空间产生迅速变化的强磁场引起的。

（四）静电触电

用电设备的某个部位上储存的电荷通过人体放电引起的触电。

第二节　电气安全知识

电能在生活、生产中被广泛应用，使人接触电的几率大大提高；电气设备及电器在设计、制造、安装后，在操作使用的过程中，如果没有安全用电知识，就很容易发生触电、火灾、爆炸等电气事故，影响生产，危及生命。

一、电气安全基本知识

（一）触电对人体的伤害

人的心脏每收缩一次，中间约有 0.1 s 的间歇。如果电流在这一瞬间通过心脏，即使电流很小（几十毫安），也会引起心脏震颤，如果电流持续时间超过 1 s，就会造成极大危险，如图 5-4 所示。

图 5-4　触电

电流通过心脏会造成心脏功能紊乱，破坏原有的收缩、扩张节奏，心力衰竭，血液循环终止，使人因大脑缺氧而死亡；电流通过中枢神经（脑部和脊髓），可使呼吸停止、瘫痪；电流的热效应会造成电灼伤；电流的化学效应会造成电烙伤和皮肤金属化；电磁场的能量还会产生辐射。电对人体的伤害有：电击（如刺痛、灼热感、痉挛、麻痹、昏迷、心室颤动或停跳、呼吸困难或停止等内伤），最危险，绝大多数触电死亡事故都由电击造成；电伤（电烙伤、电灼伤、皮肤金属化等外伤）。以上为一次伤害，还会引起二次伤害。对于工频电，按照通过人体的电流大小及呈现的不同反应，分为如下 4 个级别：

（1）感知电流：让人体有感觉但无有害生理反应的最小电流。

（2）反应电流：指通过人体能引起肌肉不自觉收缩的最小电流值。通用值为 0.5 mA。

（3）摆脱电流：触电后能自主摆脱电源而无病理性的最大电流，成人为 10 mA，也是人体的安全电流。

（4）致命电流：引起心室颤动而危及生命的最小电流，成人一般为 50 mA。

（二）电流通过人体的途径

从左手到前胸是最危险的电流路径。这时心、肺、脊髓等器官都处于电路内，很容易引起心颤和中枢神经失调而失去生命。

从右手到脚的危险小一些，但会因痉挛而摔伤，造成二次伤害。

从右手到左手的危险性比右手到脚要小些。

危险性最小的是从左脚到右脚，但触电者可能会因痉挛而摔倒，导致电流通过全身或二造成次伤害。所以其安全性是相对的，每一种途径都会致人死亡。

（三）安全电压

安全电压系列是一项防止触电伤亡事故出现的技术措施。

安全电压的规定：以通过人体的电流（不超过安全电流）与人体电阻与导电途径、皮肤潮湿、多汗、有损伤、导电扬尘、接触面、接触压力有关）的乘积为依据。这是一个不确定的值。我国现行的安全电压额定值的等级为：42 V、36 V、24 V、12 V 和 6 V。一般性的规定是：在干燥的情况下，安全电压为 36 V。在隧道或潮湿场所，人体皮肤受潮，同时电器设备的金属外壳和能导电的构造物表面结露，规定安全电压为 12 V。在游泳池或设有电路的水槽内，规定安全电压为 6 V。新国家标准《特低电压（ELV）限值》（GB 3805-2008）规定在干燥的情况下，特低电压极限值为 33V；在潮湿场所，特低电压极限值为 16 V。

（四）保证用电安全的基础要素

（1）电气绝缘：即用不导电的绝缘材料把带电体封闭起来。保持配电线路和电气设备的绝缘良好，是保证人身安全和电气设备正常运行的最基本要素。电气绝缘的性能是否良好，可通过测量其绝缘电阻、耐压强度来衡量。

（2）安全距离：是指人体、物体等接近带电体而不发生危险的安全可靠距离。如带电体与地面之间、带电体与带电体之间、带电体与人体之间、带电体与其他设施和设备之间，均应保持一定距离：变配电装置安全距离、检修安全距离、操作安全距离等。

（3）安全载流量：是指允许持续通过导体内部的电流量。如果电流超过安全载流量，导体的发热将超过允许值，导致绝缘损坏，甚至引起漏电和发生火灾。因此，根据导体的安全载流量选择导体截面和设备十分重要。

（4）标识：明显、准确、统一的标识是保证用电安全的重要因素。颜色标识表示不同性质、不同用途的导线；标示牌一般作为危险场所的标志；型号标志作为设备特殊结构的标志。A相为黄色，B相为绿色，C相为红色。明敷接地线涂以黑色。二次系统交流回路用黄色，负电源用蓝色，信号和警告回路用白色。仪表盘上运行极限参数画红线等。

二、电气化安全知识

电气化铁路，是以电能作为牵引动力的一种现代化交通运输工具。它与蒸汽牵引和内燃牵引不同的地方是电力机车（或动车组）本身不带能源，必须由外部供给电能。电气化铁路牵引供电设备带有高压电，因此与非电气化铁路相比，电气化铁路对人身安全和作业安全提出了更高的要求。为了防止触电伤亡事故的发生，确保安全生产和从业人员的生命财产安全，施工作业人员必须熟知电气化铁路安全的有关规定，并且必须严格执行。

1. 供电系统

电气化铁路是由电力机车（或动车组）和牵引供电系统两大部分组成，将电能从电力系统传送给电力机车的电力装置的总称叫电气化铁路的供电系统，又称牵引供电系统，主要由牵引变电所和接触网两大部分组成。牵引变电所将电力系统输电线路电压从 110 kV（或 220 kV）降到 27.5 kV，经馈电线将电能送至接触网；沿着铁路线的两旁，架设着一排支柱，上面悬挂着金属线，即为接触网。接触网是向电力机车直接输送电能的设备，电力机车升弓后便可通过其取得电能，用以牵引列车。

牵引供电构成的回路是：牵引变电所—馈电线—电力机车—钢轨和大地—回流线—牵引变电所，如图 5-5 所示。

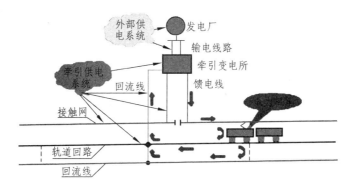

图 5-5 牵引供电系统示意图

2. 接触网

接触网是电气化铁路上的主要供电装置，它通过支柱及软横跨、硬横跨，以一定的悬挂形式将接触线直接架设在铁路的上方。它的功能是通过与电力机车车顶部分受电弓的滑动接触将电能供给电力机车（或动车组）。

接触网额定电压值为 25 kV，最高工作电压为 27.5 kV，短时（5 min）最高工作电压 29 kV，最低工作电压为 19 kV（高速铁路为 20 kV）。

架空式接触网主要由接触悬挂部分、支持装置、定位装置、支柱和基础 4 大部分组成。前三部分带电，与支柱（或其他建筑物）接地体之间用绝缘子隔开，如图 5-6 所示。

图 5-6 接触网结构示意图

三、电气化区段作业一般安全规定

电气化铁路牵引供电设备带有高压电，禁止直接或间接与上述设备接触，并需要保持安全距离。为保证电气化铁路沿线有关人员的人身安全，防止触电伤亡事故发生，凡新建电气化铁路在牵引供电设备送电的前 15 天，建设单位应将送电日期通告铁路沿线内外各有关单位。自通告之日起，视为牵引供电设备带电，有关人员均须遵守相关规定。电气化铁路沿线路内外各单位均需组织学习《电气化铁路有关人员电气安全规则》的相关内容。电气化铁路相关作业人员每年须进行一次安全考试，考试合格后，方准参加作业。牵引供电专业人员遵守本规则内容的同时，执行牵引供电的专业规定，对于违反规则的单位和人员，要追究其责任并按规定进行处理。

（1）为保证人身安全，除牵引供电专业人员须按规定进行作业外，任何人员及所携带的物件、作业工器具等须与牵引供电设备高压带电部分保持 1 m 以上的距离，与回流线、架空地线、保护线保持 1 m 以上的距离，距离不足时，牵引供电设备须停电。

（2）电气化铁路区段，具有升降、伸缩、移动平台等功能的机械设备进行施工、装卸等作业时，作业范围与牵引供电设备高压带电部分须保持 2 m 以上的距离，与回流线、架空地线、保护线保持 1 m 以上距离，距离不足时，牵引供电设备须停电。

（3）在距牵引供电设备高压带电部分 2 m 以外，与回流线、架空地线、保护线 1 m 以外，临近铁路营业线作业时，牵引供电设备可不停电，但须按照铁路营业线施工安全管理有关规定执行。

（4）在机车、动车及各种车辆上方的接触网设备未停电并办理安全防护措施前，禁止任何人员攀登到车顶或车辆装载的货物上。

（5）电气化区段进行上水、保洁、施工等作业，不得将水管向供电线路方向喷射，站车保洁不得采用向车体上部喷水的洗刷车体方式。

（6）牵引供电设备发生故障时，与牵引供电设备相连接的支柱、接地下引线、综合接地线等可能出现高电压的情况，未采取安全措施前，禁止与其接触，并需保持安全距离。

（7）发现牵引供电设备断线及其部件损坏，或发现牵引供电设备上挂有线头、绳索、塑料布或脱落搭接等异物，均不得与之接触，应立即通知附近车站，在牵引供电设备检修人员到达而未采取措施以前，任何人员均应距已断线索或异物处所 10 m 以上。

（8）牵引供电设备支柱及各部接地线损坏，回流吸上线与钢轨或扼流变连接脱落时，禁止非专业人员与之接触。

（9）距牵引供电设备支柱及牵引供电设备带电部分 5 m 以内具备接入综合接地条件的金属结构应纳入综合接地系统；不能接入综合接地系统的金属

结构须装设接地装置，接地电阻一般不大于 10 Ω。

（10）站内和行人较多的地段，牵引供电设备支柱在距轨面 2.5 m 高处均要设白底黑字"高压危险"并有红色闪电符号的警示标志。禁止借助接触网支柱搭脚手架，必须借助接触网支柱登高时，必须有供电专业人员到现场监护。

（11）天桥、跨线桥靠近或跨越牵引供电设备的地方，须设置防护栅网，栅网由所附属结构的产权或工程建设单位负责安设。防护栅网安设"高压危险"标志，警示标志由供电设备管理单位制作安装。

（12）电气化铁路区段车站风雨棚、跨线桥、隧道等构建物应安装牢固，状态良好，不得脱落。距牵引供电设备 2 m 内不得出现漏水、悬挂冰凌等现象。附挂在跨线桥、渠上的管路，以及通信、照明等线缆，须设专门固定设施，且安装可靠，不得脱落。

（13）电力线路、光电缆、管路等跨越电气化铁路施工时，须在接触网停电并做好安全防护措施后进行。

第三节　触电危险辨识

带电作业中由于施工环境和作业条件差，不安全因素随着施工项目和作业过程的变化而变化，事故隐患较多。根据事故致因理论，事故致因因素包括人的因素、物的因素、环境因素和管理因素 4 个主要方面。

一、人的不安全行为

（1）接触网断线触地后，未设置防护人员进行防护。

（2）与接触网相连的绝缘子损坏，未及时更换。

（3）未取得调度发布的停电作业命令便进行作业。

（4）在作业区两端未进行验电接地。

（5）在可能来电的方向的停电设备上未进行验电接地。

（6）作业区段附近有安全距离不足的其他带电设备，未进行停电并验电接地。

（7）停电作业附近有平行带电的电线路或接触网时，未在停电设备上增设接地线。

（8）进行 V 停作业时，上下行接触网设备未达到规定的安全距离便进行作业。

（9）作业未设置监护，监护人未及时提醒作业人员与带电设备保持安全距离。

（10）有电机车（动车）带电进入无电区。

（11）误送电。

（12）所有接地、接零线等装置不牢固；接地极、接地线材料的选择不合理；接地装置的安装不牢固；接地电阻的大小不符合规范要求。

（13）接地装置未定期检查和维护，无完好地记录。

（14）使用的电气设备类别不符合要求。

（15）未选用合格的安全装置或安全装置不齐全、有效；安全装置与被保护设备不匹配或匹配程度不高；安全装置没有定期检修维护；安全装置的正确动作率与被保护线路不匹配。

（16）工作人员未穿着防静电工作服。

（17）未采用使用抗静电剂、静电消除器、铺设防静电地板等防静电措施。

（18）避雷针（线、网、带）、避雷器未定期进行检测。

二、物的不安全状态

（1）未采用绝缘包装，电气设备通电部位裸露在外，人员容易触碰到。

（2）电气设备所用绝缘材料的选择不符合要求，绝缘性能不好。

（3）线路绝缘等级与线路电利用绝缘材料对带电体进行封压不相符。

（4）电气设备或线路有无绝缘老化，导线、引线及接头部位存在过热变色现象。

（5）临时线路绝缘不好．线径与负荷不匹配。

（6）所有接地标志不齐全、不明显。

（7）必要的等电位连接不齐全。

（8）电源容量是否符合要求。

（9）防雷装置不够完好、不齐全。

（10）防雷接地装置与建筑物的出入口和人行道的距离不符合安全要求。

（11）防静电接地不够完好、齐全，接地电阻电阻值不符合规范要求。

（12）防静电跨接不够正确、齐全、完好。

（13）易产生静电的物质的流速未控制在合理范围内。

（14）低压配电网采用的接地系统不符合要求。

（15）接地系统未连为一个整体。

三、作业环境不良

（1）存在潮湿、腐蚀性场所或存在导电性粉尘、高温、导电及有可能触及电气设备外壳和接地设备的场所。

（2）在特别危险的环境下，使用的手持电动工具、照明灯无安全特低电压保护。

（3）遇有雨、雪、雾等恶劣天气时，没有增设接地线进行接触网"V"形天窗作业。

（4）遇有雨、雪、雾、气温在-15～37℃之外、风力在5级及以上等恶劣天气或相对湿度大于85%时进行间接带电作业。

四、安全管理缺陷

（1）未建立健全规章制度，未专门配备安全管理机构和管理人员。

（2）未对作业人员进行专门安全培训，并取得特种作业人员操作证。

（3）未按规定对安全用具定期进行绝缘检测和试验。

（4）未按规定定期进行安全检查，对检查的问题进行整改。

第四节　预防触电的作业安全要求和防护技能

在电气设备设施上作业时，应执行工作票制度、工作许可制度、工作监护制度和工作间断、转移和终结制度，预防触电事故的发生。

在全部停电或部分停电的电气设备设施上工作时，必须完成停电、验电、挂接地线、悬挂标示牌和装设遮拦等安全技术措施。

一、作业安全规定

（一）一般规定

（1）工作前，必须检查工具、测量仪表、防护用具是否完好。

（2）任何电器设备未经验电前，一律视为有电，不准身体触及。

（3）电气设备及其带动的机械部分需要修理时，不准在运转中拆卸、修理，必须在停车后切断设备电源，取下熔断器，挂上"禁止合闸，有人工作"的标示牌，并在验明无电后，方可进行工作。

（4）在配电总盘及母线上进行工作时，在验明无电后应挂临时接地线，接地线的装拆都必须由值班电工进行。

（5）临时工作中断后和每班工作恢复前，都必须重新检查电源是否断开，并经验电确定。

（6）每次维修结束时，必须清点所带工具、零件，以防遗失和留在设备内造成事故。

（7）动力配电箱的闸刀开关，禁止带负荷拉开。

（8）电气设备的金属外壳必须接地（接零），接地线要符合标准，有电设备不准断开外壳接地线。

（9）电器或线路拆除后，可能来电的线头必须及时用绝缘胶布包扎好。

（10）安装灯头时，开关必须接在火线上，灯口螺纹必须接在零线上。

（11）临时装设的电气设备必须将金属外壳接地，严禁将电动工具的外壳接地线和工作零线拧在一起插入插座；必须使用两线带地或三级带地插座，或者将外壳接地线单独接到地干线上，以防接触不良时引起外壳带电；用软电缆连接移动设备时，专供保护接零的芯线上不许有工作电流通过。

（12）动力配电盘、配电箱、开关、变压器等各种电器设备附近不准堆放各种易燃、易爆、潮湿和其他影响操作的物件。

（二）带电作业安全规定

（1）在低压线路、设备上进行带电作业，应由有一定实践经验的人员担任工作，要经过严格的审批程序，并指定专人监护；工作时要戴工作帽，穿长袖衣服，扣紧袖口，戴绝缘手套，穿绝缘鞋或站在干燥的绝缘垫上进行。

（2）严禁穿汗背心或短裤进行带电作业。

（3）邻近相带电部分和接地金属部分应用绝缘板隔开，低压相间距离很小，检修时要注意防止人体同时接触两相和防止相间短路。

（4）带电装卸熔断器管座，要戴防护眼镜和绝缘手套，必要时使用绝缘夹钳，工作人员应站在绝缘垫上，熔断器的容量要与设备、线路、装机容量相适应。

（5）线路上的带电作业，应在天气良好的条件下进行，雷雨时应停止工作。

（6）应使用合格的绝缘工具。

（7）在高压线路附近工作时，应先检查与高压线的距离是否符合规定，若不符合，要采取防止误碰高压线的措施。

（8）要保持人体与大地之间，人体与周围接地金属之间，人体与其他相的导体或零线之间有良好的绝缘和适当的距离。

（9）一般不应带负荷断电和接电，断开导线时应先断开火线，后断开地线，搭线时、接电时，先接地线（先接零线），后接火线（后接相线）。

二、电气安全组织措施

在电气设备上工作，保证安全的组织措施有：工作票制度、工作许可制度、工作监护制度和工作间断、转移和终结制度。

（一）工作票制度

在电气设备上工作，应填用工作票或按命令执行，其方式有下列三种：

1. 第一种工作票

填用第一种工作票的工作为：高压设备上工作需要全部停电或部分停电的；高压室内的二次接线和照明等回路上的工作，需要将高压设备停电或采取安全措施的。第一种工作票的格式如表 5-1 所示。

2. 第二种工作票

填用第二种工作票的工作为：带电作业和在带电设备外壳上的工作；在控制盘和低压配电盘、配电箱、电源干线上的工作；在二次接线回路上的工作；无需将高压设备停电的工作；在转动中的发电机、同期调相机的励磁回路或高压电动机转子电阻回路上的工作；非当班值班人员用绝缘棒和电压互感定相或用钳形电流表测量高压回路的电流。第二种工作票的格式如表 5-2 所示。

表 5-1　第一种工作票

1. 工作负责人（监护人）：_____ 班组：_____

工作班人员：_____

2. 工作任务（内容和工作地点）：

3. 计划工作时间：自　年　月　日　时____分至____年____月____日____时分

4. 安全措施

（1）停电范围：

（2）安全措施：

下列由工作票签发人填写

应拉断路器（开关）和隔离开关（刀闸）：＿＿＿＿＿＿＿＿＿＿＿＿＿＿

＿＿＿＿＿＿＿＿＿＿＿＿＿＿＿＿＿＿＿＿＿＿＿＿＿＿＿＿＿＿＿＿＿＿

应装接地线位置（注明确实地点）：＿＿＿＿＿＿＿＿＿＿＿＿＿＿＿＿＿＿

＿＿＿＿＿＿＿＿＿＿＿＿＿＿＿＿＿＿＿＿＿＿＿＿＿＿＿＿＿＿＿＿＿＿

应设遮拦、应挂标示牌地点：＿＿＿＿＿＿＿＿＿＿＿＿＿＿＿＿＿＿＿＿＿

＿＿＿＿＿＿＿＿＿＿＿＿＿＿＿＿＿＿＿＿＿＿＿＿＿＿＿＿＿＿＿＿＿＿

工作票签发人（签名）：＿＿＿＿＿＿＿＿＿＿＿＿＿＿＿＿＿＿＿＿＿＿＿

收到工作票时间：＿＿＿年＿＿＿月＿＿＿日＿＿＿时＿＿＿分

值班负责人（签名）：

下列由工作许可人填写

已拉断路器（开关）和隔离开关（刀闸）：＿＿＿＿＿＿＿＿＿＿＿＿＿＿＿

＿＿＿＿＿＿＿＿＿＿＿＿＿＿＿＿＿＿＿＿＿＿＿＿＿＿＿＿＿＿＿＿＿＿

已装接地线位置（注明接地线编号和装设地点）：＿＿＿＿＿＿＿＿＿＿＿＿

＿＿＿＿＿＿＿＿＿＿＿＿＿＿＿＿＿＿＿＿＿＿＿＿＿＿＿＿＿＿＿＿＿＿

已设遮拦、已挂标示牌（注明地点）：＿＿＿＿＿＿＿＿＿＿＿＿＿＿＿＿＿

＿＿＿＿＿＿＿＿＿＿＿＿＿＿＿＿＿＿＿＿＿＿＿＿＿＿＿＿＿＿＿＿＿＿

工作许可人（签名）：＿＿＿＿＿＿＿＿＿

值班负责人（签名）：＿＿＿＿＿＿＿＿＿

5. 许可工作时间：＿＿＿年＿＿＿月＿＿＿日＿＿＿时＿＿＿分

工作许可人（签名）：＿＿＿＿＿＿＿＿＿

工作负责人（签名）：＿＿＿＿＿＿＿＿＿

6. 工作负责人变动

原工作负责人＿＿＿＿＿＿＿＿＿＿离去，变更＿＿＿＿＿＿＿＿＿＿为工作负责人

变动时间：＿＿＿年＿＿＿月＿＿＿日＿＿＿时＿＿＿分

工作票签发人（签名）：＿＿＿＿＿＿＿＿

7. 工作票延期，有限期延长到：＿＿＿年＿＿＿月＿＿＿日＿＿＿时＿＿＿分

工作负责人（签名）：＿＿＿＿＿＿＿＿＿值班负责人（签名）：＿＿＿＿＿＿＿＿＿

工作终结：

（1）工作班人员已全部撤离，现场已清理完毕。

（2）接地线共_____组已拆除。

（3）全部工作于____年____月____日____时____分结束。

工作负责人（签名）：_____工作许可人（签名）：_____

9. 备注：_____

_____

表 5-2　第二种工作票

第　　　号

1. 工作负责人（监护人）：_____班组_____

工作班人员：_____

2. 工作任务（内容和工作地点）：_____

3. 计划工作时间：自___年___月___日___时___分至___年___月___日___时___分

4. 工作范围（停电或不停电）：_____

_____

5. 安全措施：_____

_____

6. 许可工作时间：___年___月___日___时___分

工作许可人（签名）：_____

工作负责人（签名）：_____

7. 工作终结时间：___年___月___日___时___分

工作负责人（签名）：_____

工作许可人（签名）：_____

8. 备注：

以上两种工作票的管理应按《电业安全工作规程》中相关规定执行。

3. 口头或电话命令

用于第一种和第二种工作票以外的其他工作。口头或电话命令必须清楚正确，值班人员应将发令人、负责人及工作任务详细记入操作记录簿中，并向发令人复诵核对一遍。

4. 工作票的签发

工作票签发人由车间（分场）或工区（所）熟悉人员技术水平、设备情况、安全工作规程的生产领导人或技术人员担任。工作票签发人的职责范围为：工作必要性，工作是否安全，工作票上所填写的安全措施是否正确完备？所派工作负责人和工作班组人员是否适当和足够，精神状态是否良好等。工作票签发人不得兼任该项工作的工作负责人。

（二）工作许可制度

工作许可制度是许可人（值班员）协同工作负责人（监护人）检查实施的安全措施，下达开始作业命令，工作中互相监督配合，保证安全完成任务的一项重要措施。

工作负责人（监护人）由车间（分场）或工区（所）主管生产的领导书面批准。工作负责人可以填写工作票。

工作许可人不得签发工作票。其主要职责范围如下。

（1）工作许可人应负责审查工作票中所列的安全措施是否正确、完备，是否符合现场条件，并完成施工现场的安全措施。

（2）在变配电所工作时，工作许可人应会同工作负责人检查在停电范围内所做的安全措施，并指明邻近带电部位，验明检修设备确无电压后，双方在工作票上签字。

（3）在变配电所出线电缆的另一端（或线路上的电缆头）的停电工作，应得到送电端的值班员或调度员的许可后，方可进行工作。

（4）工作负责人及工作许可人，任何一方不得擅自变更安全措施及工作项目，工作许可人不得改变检修设备的运行接线方式，如需改变时，应事先得到工作负责人的同意。

（5）工作许可人（值班员）在完成施工现场的安全措施后，还应同工作负责人到现场检查所做的安全措施，以手触试，证明检修设备确无电压，对工作负责人指明带电设备的位置和注意事项，同工作负责人分别在工作票上签名。完成上述手续后，工作班组人员方可开始工作。

（6）在工作过程中，当工作许可人发现有违反安全工作规程规定时或拆除某些安全设施时，应立即命令工作人员停止工作，并进行更正。

（三）工作监护制度

工作监护制度是保证人身安全和操作正确性的主要组织措施。当完成工作许可手续后，工作负责人（监护人）应向工作班组人员交代现场安全措施、带电部位和其他注意事项。工作负责人（监护人）必须始终在工作现场，对工作班组人员的安全进行认真监护，及时纠正违反安全规程的操作。

（1）监护人的条件：监护人应有一定的安全技术经验，能掌握工作现场的安全、技术、工艺质量、进度等要求，有处理应急问题的能力。一般监护人的安全技术等级应高于操作人。

（2）操作人的条件：操作人应熟练掌握操作技术，熟悉设备的运行方式及运行情况，能在规定的时间内完成工作任务，并应听从监护人的指挥。

（3）监护人工作职责：在全部停电工作日内，工作负责人（监护人）可以参加工作班组的工作；在部分停电工作时，只有在安全措施可靠，工作班组人员集中在一个工作地点，不至于误碰带电部分的情况下，才能参加工作。否则，监护人应始终不间断地监护工作人员的最大活动范围，使其保持在规定的安全距离内进行工作；在带电工作时，监护人应监护所有工作人员的活动范围，工作人员与带电部分的距离不应小于安全距离，查看工作位置是否安全，工器具使用以及操作方法是否正确等，若发现某些工作人员有不正确动作时，应及时提出纠正，必要时命令其停止工作；监护人在执行监护工作中，应集中注意力，不得兼任其他工作，如需离开工作现场时，应另行指派监护人，将工作现场交代清楚，并通知被监护的工作人员；原工作负责人（监护人）返回工作地点时，也应履行同样的交接手续。若工作负责人需要长时间离开工作现场，应由原工作票签发人变更工作负责人，两工作负责人应做好必要的交接工作。

（四）工作间断、转移和终结制度

工作间断、转移和终结制度是保证人身安全和设备安全，保证检修质量，防止误操作的一项组织措施。

（1）工作间断（休息、下班）或遇雷雨威胁工作人员人身安全时，应使全体工作人员撤离工作现场，工作票由工作负责人执存，所有的安全措施不能变动；继续工作时，工作负责人必须向全体工作人员重申安全措施；在变电所工作，工作班每日收工时，要将工作票交给值班员，次日开始工作前，必须在重新履行工作许可手续后，方可开始工作。

（2）对于连续性工作，在同一电气连接部分用同一工作票依次在几个工作地点转移工作时，全部安全措施由值班员在开始工作前一次完成，不需再办理转移手续，但在转移到下一个工作地时，工作负责人应向工作人员交代停电范围、安全措施和注意事项。

（3）工作间断期间，遇有紧急情况需要送电时，值班员应得到工作负责人的许可，并通知全体工作人员撤离现场。送电前应完成下列措施：拆除临时遮拦、接地线和标示牌，恢复常设的遮拦和原标示牌；对于较复杂或工作面较大的工作，必须在所有通道派专人看守，告诉工作班人员"设备已经合闸送电，不能继续工作"。看守人在工作票未收回前，不应离开守候地点。

（4）工作终结送电前，工作负责人应对检修设备进行全面质量检查。检修设备的检修工艺应符合技术要求。在变（配）电所工作时，工作负责人应会同值班人员对设备进行检查，特别应核对隔离开关及断路器分、合位置的实际情况，是否与工作票上填写的位置相符，核对无误后双方在工作票上签字。

（5）全部工作完结后，工作班应清扫、清理现场。工作负责人应先周密地检查，当全体工作人员撤离工作地点后，再向值班人员讲清所修项目、发现问题、试验结果和存在问题等，并与值班人员共同检查设备状况，有无遗留物件，是否清洁等，然后工作票上填明工作终结时间，经双方签名后，工作票方告结束。

（6）只有在同一停电系统的所有工作票结束，拆除所有接地线、临时遮拦和标示牌，恢复常设遮拦，并得到值班调度员或值班负责人的许可命令后，方可合闸送电。

（7）已结束的工作票须保存3个月。

三、电气安全技术措施

在全部停电或部分停电的电气设备上工作时，必须完成停电、验电、挂接地线、悬挂标示牌和装设遮拦等安全技术措施。以上安全技术措施由运行人员（值班人员）或有权执行操作的人员执行。

（一）停　电

在电气设备上的工作，停电是一个很重要的环节，在工作地点，应停电的设备如下：

（1）待检修的设备。

（2）工作人员工作中日常活动范围与带电设备的安全距离小于表 5-3 的规定。

表 5-3　工作人员工作中日常活动范围与带电设备的安全距离

电压等级（kV）	10 及以下（13.8）	20～35	44	60～110	220	330	500
安全距离（m）	0.35	0.60	0.90	1.50	3.00	4.00	5.00

（3）在 35 kV 及以上的设备处工作，安全距离虽大于表 5-3 的相关规定，但小于表 5-4 的相关规定，同时又无绝缘隔板、安全遮拦措施的设备也必须停电。

表 5-4　设备不停电时的安全距离

电压等级（kV）	10 及以下（13.8）	20 ~ 35	63 ~ 110	220	330	500
安全距离（m）	0.35	0.60	1.50	3.00	4.00	5.00

（4）带电部分在工作人员后面、两侧、上下，又无可靠安全措施的设备也必须停电。

（5）其他需要停电的设备。

在检修过程中，对检修设备进行停电，必须把各方面的电源完全断开（任何运行中的星形接线设备的中性点，必须视为带电设备），即必须断开或拉开检修设备两侧的断路器、隔离开关（包括断开操作电源）。禁止在只经断路器断开电源的设备上工作，必须拉开隔离开关，使各方面至少有一个明显的断开点。与停电设备有关的变压器和电压互感器，必须从高、低压两侧断开，防止向停电检修设备反送电。

（二）验　电

验电时，必须使用电压等级合适而且合格的验电器（图 5-7）（应先在有电设备上进行测试，以确证验电器良好）；验电（图 5-8）时，在检修设备进出线两侧各相分别验电。高压验电时必须戴绝缘手套。

如果在木杆、木梯或木架构上验电，不接地线不能指示者，可在验电器上接地线，但必须经值班负责人许可。必须注意：表示设备断开和允许进入间隔的信号、电压表的指示值为零等，不得作为设备元电的判据。但如果指示有电，则禁止在该设备上工作。

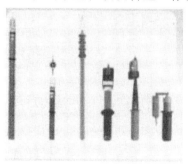

图 5-7　验电器

图 5-8　驻电

（三）挂接地线

在检修的电气设备或线路上，接地的作用是保护工作人员在工作地点防止突然来电、消除邻近高压线路上的感应电压、放净线路或设备上可能残存的电荷、防止雷电电压的威胁。装设接地线的工作应由两人进行（经批准可以单人装设接地线的项目及运行人员除外）当验明设备无电后，应立即将检修设备接地（即装接地线）。电缆及电容器接地前应逐相充分放电，星形连接的电容器中性点应接地，串联电容器及与整组电容器脱离的电容器应逐个放电，装在绝缘支架上的电容器的外壳也应放电。对于可能送电至停电设备的各方面都应装设撞地线或合上接地刀闸，所装接地线与带电部分应考虑接地线摆动时是否仍符合安全距离的规定。对于因平行或邻近带电设备导致检修设备可能产生感应电压时，应力装接地线或工作人员使用个人保安接地线，加装的接地线应登记在工作票上，个人保安接地线由工作人员自装自拆。

检修部分若分为几个在电气上不相连接的部分（如分段母线以隔离开并或断路器隔开分成几段），则各段应分别验电后再接地短路。降压变电站全部停电时，应将各个可能来电侧的部分接地短路，其余部分不必每段翻装接地线或合上接地刀闸。接地线（图 5-9）、接地刀闸与检修设备之间不得连有断路器或熔断器。若由于设备原因，接地刀闸与检修设备之间连有断路器，在接地刀闸和断路器合上后，应有保证断路器不会分闸的措施。

图 5-9

在配电装置上，接地线应装在该装置导电部分的规定地点，这些地点的油漆应刮去，并划有黑色标记。所有配电装置的适当地点，均应设有与接地网相连的接地端，接地电阻应合格。接地线应采用三相短路式接地线，若使用分相式接地线时，应设置三相合一的接地端。装设接地线的工作应由两人进行。若为单人值班，只允许使用接地刀闸接地或使用绝缘棒合接地刀闸。

装设接地线必须先接接地端，后接导体端，且必须接触良好，连接可靠。拆接地线的顺序刚相反。装、拆接地线均应使用绝缘棒和戴绝缘手套。人体不得碰触接地线或未接地的导线，以防触及感应电。

成套接地线应由透明护套的多股软铜线组成，其截面面积不得小于25 mm²，同时应满足装设地点短路电流的要求。禁止使用其他导线作接地线或短路线。

装、拆的接地线应做好记录，交接班时应交代清楚。

（四）悬挂标示牌和装设遮拦

标示牌的悬挂应牢固，位置准确。正面朝向工作人员。标示牌的悬挂与拆除，应按工作票的要求进行。在以下地点应装设遮拦和悬挂的标示牌：

（1）在一经合闸即可送电到工作地点、施工设备的断路器和隔离开关的操作把手上，均应悬挂"禁止合闸，有人工作！"的标示牌。如果线路上有人工作，应在线路断路器和隔离开关操作把手上悬挂"禁止合闸，线路有人工作！"的标示牌。

（2）对由于设备原因，接地刀闸与检修设备之间连有断路器，接地刀闸。和断路器合上后，在断路器操作把手上，应悬挂"禁止分闸！"的标示牌。

（3）在显示屏上进行操作的断路器和隔离开关的操作处均应相应地设置"禁止合闸，有人工作！"或"禁止合闸，线路有人工作！"的标示牌。

（4）部分停电的工作，安全距离小于表 5-4 相关规定的，没有停电设备处，应装设临时遮拦，并悬挂"止步，高压危险！"的标示牌。

（5）在室内高压设备上工作，应在工作地点两旁间隔和对面间隔的遮拦上和禁止通行的过道上悬挂"止步，高压危险！"的标示牌。

（6）在室外地面的高压设备上工作，应在工作地点四周用绳子做好围栏，其出入口要围到临近道路旁边，并设有"从此进出！"的标示牌。工作地点四周围栏上悬挂适当数量的"止步，高压危险！"的标示牌，且标示牌应朝向围栏里面。若室外配电装置的大部分设备停电，但有个别地点保留有带电设备而其他设备无触及带电导体的可能时，可以在带电设备四周装设全封闭围栏，围栏上悬挂适当数量的"止步，高压危险！"的标示牌，且标示牌应朝向围栏外面。

（7）在工作地点悬挂"有人工作，禁止操作！"的标示牌（图 5-10）。

（8）在室外架构上工作，则应在工作地点邻近带电部分的横梁上悬挂"止步，高压危险！"的标示牌；在工作人员上下用的铁架上应悬挂"由此上下！"

标示牌。而邻近可能上下的另外的铁架上、运行中的变压器的梯子上应悬挂"禁止攀登，高压危险！"标示牌。

禁止工作人员在工作中移动、越过或拆除遮拦进行工作。

图 5-10 标示牌

四、电气化铁路作业规定

（一）接发列车及调车作业安全规定

电气化铁路接触网停电检修时，禁止向停电区放行电力机车及动车组。司机发现不符合此项规定时，应立即降下受电弓并停车。

（二）货运、装卸作业安全规定

（1）装卸货物线的接触网隔离开关在平时要处于合闸状态，雨、雪、雾、霾等恶劣天气下，严禁处于分闸状态。接触网隔离开关操作规定如下：

①隔离开关操作人员须经过培训并取得由供电设备管理单位颁发的安全操作证后，才能担任工作。

②隔离开关开闭作业时，必须执行一人操作一人监护制度。

③隔离开关操作前，操作人必须按规定穿戴好绝缘靴和绝缘手套，确认开关及其操作机构正常，接地线良好，方准按程序操作。

④遇雷雨天气时，禁止操作隔离开关。严禁带负荷操作隔离开关。

⑤绝缘靴、绝缘手套等安全用品，应半年进行一次绝缘耐压试验，并存放在阴凉干燥、防尘的处所，使用前用干布擦拭，并进行外观检查，发现有

漏气、裂损等现象应禁止使用。

（2）货物装载高度须满足《技规》及《铁路超限超重货物运输规则》规定的电气化区段安全距离。

（3）需停电装卸作业时，必须先断开隔离开关停电后，在指定的货物线安全区域标志内进行装卸作业。装卸作业结束后，确认所有人员已至安全地带后，方能合上隔离开关。在装卸线的分段绝缘器内侧 2 m 处设安全区域标志（图 5-11）。

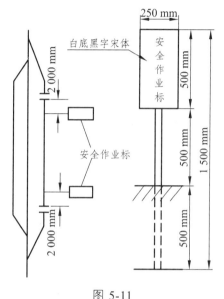

图 5-11

（三）机车、动车、车辆作业安全规定

（1）电气化铁路区段各车站给水线、电力机车整备线和动车组整备线，在分段绝缘器内侧 2 m 处应设安全区域标志。

（2）电气化铁路区段，当列车、动车组在运行途中发生故障，机车司机、动车组司机、动车组机械师等需上车顶进行作业时，要在严格按照相关规定办理停电手续并做好安全防护措施后，方能作业。

（3）在电气化区段运行的机车、动车、车辆及自轮运转设备可以攀登到车顶或作业平台的梯子、天窗等处所，均应有"电气化区段严禁攀登"的警告标志。

（四）工务作业安全规定

（1）断开、更换钢轨、拆换接头夹板或调整轨缝前应在钢轨两端轨节间的纵向位置，安设一条截面面积不少于 70 mm² 的铜连接线，连接可靠后方可开始作业（图 5-12）。

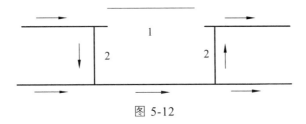

图 5-12

（2）工务作业需拆开接触网接地线、吸上线，电务扼流变钢轨引线等设备时，应由专业设备管理单位按设备分界进行作业，并及时恢复。

（3）大型养路及施工机械作业，如施工机械不超出机车车辆上部限界，且作业人员及所持机具与接触网带电部分保持 2 m 以上距离时，接触网可不停电。不符合上述条件时，应按照规定办理停电手续并做好安全防护措施后，方能作业。

（4）电气化铁路区段声屏障、风屏障、栅栏等金属体结构部分应可靠接地。

（五）电务作业安全规定

（1）维修或更换信号设备扼流变压器、中心连接板、轨道电路送电、受电的扼流变压器引接线、站内横向连接线等器件时，应在按规定采取保证牵引回流畅通的措施后，方可开始作业。

（2）信号设备更换轨道电路绝缘时，应确认扼流变压器连接线各部连接良好后，方可开始作业。

（3）断开综合接地贯通地线前，须在贯通地线纵向位置，安设一条截面不少于 70 mm² 的铜连接线，连接可靠后方可开始作业。

（4）通信电缆（含光电综合缆）引入室内，应做绝缘接头，将外护套（或屏蔽层）和金属加强件可靠断开，室外电缆（含光电综合缆）的金属护套及金属加强件应可靠接地。

（5）光缆引入室（箱）内，应换接室内光缆，并作绝缘接头，室内、外金属护套及金属加强件应断开、彼此绝缘。室内光电缆引入柜（架）、分线盒等应可靠接地。

（六）牵引供电、电力作业安全规定

（1）从事牵引供电工作的有关人员，实行安全等级管理制度。

（2）牵引供电停电作业时，专业作业人员（包括所持的机具、材料、零部件等）与周围带电设备的距离不得小于下列规定：330 kV 为 5 000 mm；220 kV 为 3 000 mm；110 kV 为 1 500 mm；25 kV 和 35 kV 为 1 000 mm；10 kV 及以下为 700 mm。

（3）接触网的检修作业分为停电作业、间接带电作业、远离作业。

（4）各种受力和绝缘工具应有合格证并定期进行试验。

（5）利用作业车进行作业时，工作平台严禁向未封锁、有电的线路侧旋转。

（6）遇有雨、雪、雾恶劣天气时，一般不进行接触网"V"形天窗作业。若必须利用"V"形天窗进行检修和事故抢修时，应增设接地线。

（7）接触网"V"形天窗停电作业时：

① 撤除相邻线供电（馈线）臂的重合闸。

② 在牵引供电回路开口作业时，应事先采取旁路、等电位措施。

③ 吸上线与钢轨及扼流变中性点连接处一般不进行拆卸作业，确需拆卸处理时，必须采取旁路措施，按分界由专业设备管理部门配合。

（8）电气化铁路区段整修电缆时，电缆铠装及电缆芯两端须装设临时接地线，作业地点铺设干燥绝缘垫或作业人员穿高压绝缘靴进行。

（9）需攀登牵引供电设备支柱的电力检修，在牵引供电设备专业人员现场监控下进行。

（10）电气化铁路区段进行架空电力线路维修、施工作业时，在与铁路长距离平行作业区段内至少每隔 1 km 加装 1 组接地线。

（七）电气化铁路附近消防安全规定

电气化铁路附近发生火灾时，须遵守下列规定：

（1）距牵引供电设备带电部分不足 4 m 的燃着物体，使用水或灭火器灭火时，牵引供电设备必须停电。

（2）距牵引供电设备带电部分超过 2 m 的燃着物体，使用沙土灭火时，牵引供电设备可不停电，但须保持灭火机具及沙土等与带电部分的距离在 2 m 以上。

（八）车辆行人通过道口安全规定

各种车辆和行人通过电气化铁路平交道口时必须遵守下列规定：

（1）通过道口车辆限界及货物装载高度（从地面算起）不得超过 4.5 m。

（2）通过道口车辆上部或其货物装载高度（从地面算起）超过 2 m 通过平交道口时，车辆上部及装载货物上严禁坐人。

（3）行人持有长大、飘动等物件通过道口时，不得高举挥动，并应与牵引供电设备带电部分保持 2 m 以上的距离。

本条规定内容应制成揭示牌，固定在道口两面限界门右侧门框上，由供电设备管理单位负责安装及维护工作（图 5-13）。

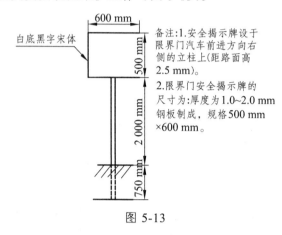

图 5-13

（九）其他安全规定

（1）电气化铁路区段房建、通信、信号、电力、给水、信息、照明、广播、防灾、视频、红外、安全监控等各种室外设备金属箱体、外壳等均应安装牢固，除专业特殊规定外均应可靠接地。

（2）电气化铁路区段电缆在切割电缆外皮或打开电缆套管之前，要将电缆（不合全塑电缆）外皮两端连通并临时接地，在作业地点铺设干燥的橡皮绝缘垫或作业人员穿高压绝缘靴进行。

第五节　事故案例分析

一、案例一

（一）事故概况

2012 年 5 月 30 日 8 时 54 分，上海铁路局上海通信段杭州通信车间乔司出入库工区的 1 名通信工，在对厂修回段停留在杭州机务段乔司库区机 16 道杭端的 DF4D-4195 号机车进行列车无线调度通信设备天线检修作业时，盲目从机车天窗登顶，被接触网高压电弧击伤，坠落至机车电器间，送医院抢救无效，于当日 10 时 18 分死亡。构成责任触电死亡事故（图 5-14）。

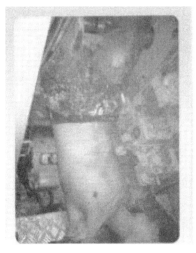

图 5-14

（二）事故原因

该通信工在未确认机车是否停于无电区，在未办理登顶相关手续确认安全的情况下，盲目进行登顶作业，违反《电气化铁路有关人员电气安全规则》"电务人员需到内燃机车、电力机车和车辆的车顶上进行天线更换等作业时，必须进入无电区，并按照机车相关规定办理相关安全手续确认安全后，方可登顶作业，并设专人防护"的规定，是造成该起事故的直接原因和主要原因。

（三）事故教训

（1）班组生产组织混乱。在实际作业上岗人数严重不足情况下盲目组织生产，以致不能严格执行登顶作业"一人作业一人防护"的安全生产作业要求。

（2）管理制度不落实。车间对该班组登顶作业监督把关制度的实施长期不落实，对该班组的日常检查考核不严格。

二、案例二

（一）事故概况

2012 年 12 月 25 日 18 时，济南铁路局济南机务段青岛整备车间电机电器组 1 名机车电工，在处理 DF4D0273 机车主回路接地故障过程中进行第一次电机耐压试验，当电压升至 1 300 V 左右时耐压机试验台出现接地报警，经查为 1C 辅助联锁并联线与 1C 联锁安装座紧固螺栓击穿放电，调整接线位置后再次进行耐压试验收发正常，之后依次对第二至第六电机进行耐压试验发现均正常，为再次确认第一电机故障情况，对 1D 进行耐压试验时发生触电，经抢救无效死亡。构成责任触电死亡事故（图 5-15）。

图 5-15

（二）事故原因

（1）违章带电作业。该机车电工与监护人员作业中联系不彻底，违反《机务作业人身安全标准》的相关规定，致使该机车电工违章进行带电作业，是造成事故的直接原因。

（2）未使用劳动防护用品。该机车电工没有按规定穿戴劳动防护用品，违反《电机绝缘耐压试验台操作规程》的相关规定，致使出现意外时失去最后一道保护屏障，是造成事故的重要原因。

（3）现场互控不到位。现场作业人员没有履行人身安全互控措施，没有要求或提示该机车电工戴绝缘手套作业，执行安全防护制度不严格，违反《机务作业人身安全标准》规定，是造成事故的又一重要原因。

（三）事故教训

（1）安全作业制度不完善。济南机务段青岛整备车间没有对高风险的电机、电器绝缘耐压试验作业制订基本的呼唤应答联控作业标准，没有按绝缘耐压试验台操作规程制订相应操作标准。

（2）劳动防护用品使用不规范。济南机务段缺少对各车间劳动防护用品使用情况的监督检查，日常忽视对职工进行正确使用劳动防护用品的培训教育。

三、案例三

（一）事故概况

2006 年 2 月 10 日 5 时 49 分，南昌铁路局福州供电段古田接触网工区按照维修作业计划，在古田—莪洋区间 1 号～14 号间进行停电维修作业，2 名接触网工分别在黄田 3 号大桥上的 4 号、5 号支柱上进行腕臂螺母涂油作业。4 号支柱作业完毕，1 名接触网工下地，另 1 名接触网工继续在 5 号支柱作业。此时监护人员没有跟进监护，该接触网工登上回流线肩架，超出作业范围，被另一路高压电击中，造成触电死亡（图 5-16）。

（二）事故原因

（1）未执行安全规章。一是没有认真执行《接触网安全工作规程》第 40 条（即在进行停电作业时，作业人员（包括所持的机具、材料、零部件等），与周围带电设备的距离不得小于：27.5 kV 和 35 kV 为 1 000 mm 的规定，擅自登上回流线肩架，超出作业范围作业，导致头部触及带电的供电线。二是未能认真执行工区工前会和工作票布置的安全措施（即随时要与同杆架设的古一浦供电臂保持足够的安全距离）。三是违反《福州供电段语言式近电报警安全帽管理办法》的有关规定，擅自关闭近电安全帽的报警开关，是造成本起事故发生的主要原因。

图 5-16

（2）安全监护不到位。作业中安全措施没有明确到位，分工不合理，作业内容不够具体。一是监护人安全责任不强，监护过程中，不能把握监护重点，未履行好监护职责，严重失职；二是工作领导人分工不合理，特殊作业环境下未增加监护人，工前会和收工会强调安全措施不具体，针对性不强；三是发票人所安排的作业内容中虽有"桥梁设备检修"作业内容，但填写不具体、不明确，是造成本起事故的重要原因。

（1）现场作业指导不力。南平供电车间对"天窗"作业时间早、同杆架设等特殊情况下的停电作业未采取有效卡控措施。监督落实安全规章措施不到位，管理基础薄弱，现场作业失控。

（2）职工安全意识淡薄。三级教育管理不到位，对特殊作业条件、作业标准、关键作业点安全卡控措施的教育培训抓得不严。

（3）干部作风不扎实。本单位干部下车间、班组和现场跟班作业少，对近电报警安全帽的使用情况和存在的问题督促监管不力。

四、案例四

（一）事故概况

2011 年 3 月 29 日 11 时 40 分，沈阳铁路局锦州供电段锦州供电车间变压器台维修组，对锦州站至桃园站间贯通线变压器台进行检修作业，2 名电力工为一检修小组，该组维修完 1 个杆式变压器台和一个箱式变压器后，准备对下一个工作项目进行维修作业时，1 名电力工误认为自闭线 31 号单杆变压器台为准备维修的贯通线变压器台，自己跳过大墙，登上有电的自闭线 31 号单杆变压器台，导致触电死亡。构成责任触电死亡事故（图 5-17）。

图 5-17

（二）事故原因

（1）作业盲目蛮干。该电力工将抢修车引导到非作业地点，并盲目臆测自闭线 31 号杆上的变台是下个要检修的设备，错误登上有电的电杆，发生触电，是造成事故的直接原因。

（2）作业互控失效。当事人在自闭线 31 号电杆变台作业前不验电、不挂地线，简化作业程序，配合人员应当知晓 2 名电力工对设备情况可能不够熟悉，没有认真履行监控职责，进行严格卡控，是造成事故的重要原因。图 5-17 是事故现场图。

（三）事故教训

（1）作业施工例会、准备会流于形式。锦州供电车间召开了施工例会，但是会上既没有绘图讲解，也没有以书面的形式通知作业人员布置作业内容，只是口头进行传达；施工准备会上，没有提出具体的防错登等安全措施，导致作业人员在不清楚检修具体某个变压器的情况下，盲目参加作业。

（2）职能部门监管不力。锦州供电段安全科和技术科虽然派人参加了施工例会，但是对施工例会安全措施存在的严重漏洞未能予以指出纠正，没有起到监督指导的职能作用。

五、案例五

（一）事故概况

2011 年 8 月 9 日 3 时 10 分，武汉铁路局武汉供电段咸宁供电车间咸宁接触网工区 1 名接触网工，在横沟站 8 号～ 12 号支柱处进行拆除负荷隔离开关引线作业时，被感应电击中，所系安全带将该接触网工挂在负荷开关角钢上，送医院经抢救无效死亡，构成触电死亡事故。

（二）事故原因

（1）擅自变更作业计划。咸宁接触网工区工长在未得到车间主要管理人员明确指令的情况下随意变更计划，在计划变更后，违反了《接触网安全工作规程》规定，没有及时更换工作票，制订有针对性的安全措施，导致施工作业混乱。同时在施工开始后，工作领导人未明确通知作业开始，就离开作业现场，违反了《接触网安全工作规程》规定，未对现场作业的安全措施进行确认检查，未时刻在场监督作业组成员的作业安全，是造成事故的主要原因。

（2）作业过程错误。作业车平台监控人员未按规定正确挂设等位线，违反了《接触网安全工作规程》的规定，导致等位线错误设置，没有起到应有的防护作用，是造成事故的重要原因。

（三）事故教训

（1）现场作业严重违章。作业人员未经许可，随意变更作业计划，未严格执行"工作票"制度，作业管理制度流程、施工作业混乱，现场多环节作业违章。

（2）施工管理存在缺位。作业过程错误，现场互控管理不到位，对"工作票"流程管理严重失控。多环节简化作业、违章作业，安全管理制度形同虚设，管理层对现场作业督查把关不力。

六、案例六

（一）事故概况

2008年1月28日9时34分，武昌车辆工厂1名接车员，在北京车辆段客车技检场检修2道，对故障车辆实施售后服务，盲目从车辆通往顶部的车梯攀登至该车顶部查看故障，侵入检修2道上方带有25 kV高压电接触网的安全限界，被电击导致死亡。构成责任触电死亡事故。盲目登顶作业；接车员盲目冒险；在未确认车辆是否停于无电区，擅自打开车辆端部装设的"禁止攀登挡板盒"登上车辆顶部作业，在未办理登顶相关手续确认安全的情况下，盲目攀登，其行为违反了《电气化铁路有关人员电气安全规则》的有关规定，是造成该起事故的直接原因和主要原因。

（二）事故教训

（1）卡控措施未执行。车辆工厂人员在未设防护的情况下，盲目登上车顶作业，以致登顶作业"一人作业一人防护"的作业安全规定没有得到严格执行。

（2）管理制度不落实。安全检查确认、呼唤应答和危险作业许可签认制度不落实。车辆段职能部门对外来售后人员疏于管理，对危险作业违法行为未实施强制管理，现场登顶作业监督把关失管、失察。

复习思考题

1. 什么是直接接触触电？
2. 直接接触触电有哪些？
3. 什么是间接接触触电？
4. 间接接触触电有哪些？
5. 如何防止跨步电压触电？
6. 如何防止感应电压触电？
7. 电流对人体的伤害有哪几种？
8. 保证用电安全的基础要素有哪几种？
9. 接触网"V"形天窗停电作业时应注意什么？
10. 发现牵引供电设备断线或故障时应采取什么措施？
11. 牵引供电回路由哪些部分构成？
12. 接触网由哪几个部分组成？

第六章 预防高处坠落

高处作业在众多的生产环节中与铁路安全生产紧密相连，息息相关，因而对运输安全生产要求很高。一次失职，一个失误，一个不经意的疏忽，就会造成事故。由于高处作业危险性较大，不安全因素较多，较容易发生高处坠落事故。因此，熟悉和掌握高处作业安全技术，做好高处作业的安全管理、安全防护、监护工作是高处作业安全的重点内容。

第一节 高处坠落事故类型

高处坠落事故是由于高处作业引起的，故可以根据高处作业的概念、等级和坠落范围、作业种类和特殊高处类别、高处坠落事故主要类型等形式对高处坠落事故进行简单地分类和了解。

一、高处作业的概念

《高处作业分级》（GB/rl3608—2008）规定："凡在坠落高度距基准面 2 m 以上（含 2 m）有可能坠落的高处进行作业，都称为高处作业"，如图 6-1 所示。根据这一规定，涉及高处作业的范围相当广泛。

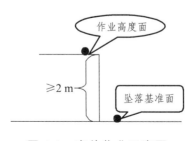

图 6-1 高处作业示意图

二、高处作业等级和坠落范围

（一）高处作业等级

按照不同的坠落高度，高处作业的等级可分为4级，高度在2～5 m时，称为1级高处作业；高度在5～15 m时，称为2级高处作业；高度在15～30 m时，称为3级高处作业；高度在30 m以上时，称为4级或特级高处作业。

（二）高处坠落范围

由于并非所有的坠落都是沿着垂直方向笔直地下坠，因此就有一个可能坠落范围的半径问题。设可能坠落范围的半径为 R，从作业位置至坠落高度基准面的垂直距离为 h 时，国家标准规定 R 值与 h 值的关系是：

（1）$h=2～5$ m时，R 为 2 m；

（2）$h=5～15$ m时，R 为 3 m；

（3）$h=12～30$ m时，R 为 4 m；

（4）$h>30$ m时，R 为 5 m。

（三）作业种类和特殊高处类别

高处作业按性质和环境的不同，可分为一般高处作业和特殊高处作业两类。

一般高处作业为正常作业环境下进行的各项作业。

特殊高处作业是指较复杂的作业环境下对操作人员具有危险性的作业，有下列8类：①强风高处作业（阵风6级，风速10.8 m/s）；②异温高处作业；③雪天高处作业；④雨天高处作业；⑤夜间高处作业；⑥带电高处作业；⑦悬空高处作业；⑧抢救高处作业。如图6-2、图6-3所示。

图 6-2

图 6-3

（四）高处坠落事故主要类型

依据高处坠落事故对人体伤害的坠落方式，高处作业者工作时所处的部位区别不同，其主要是：（1）因蹬踏物质强度不够，突然断裂；（2）高处作业移动位置时，踏空、失稳；（3）高处作业时，由于站立位置不当或操作失误被移动的物体碰撞坠落等。大体可分为如下 10 种类型：

①攀登作业坠落事故（铁塔上、电杆上、设备上、构架上、树上以及其他各种物体上坠落）。

②临边作业坠落事故（预留口、通道口、楼梯口、电梯口、阳台口、洞、沟、坑、池地坠落）。

③悬空作业坠落事故。

④脚手架上坠落事故。

⑤坡面上作业坠落事故。

⑥屋面上作业坠落事故。

⑦拆除工程中坠落事故。

⑧操作平台作业坠落事故。

⑨石棉瓦等轻型屋面坠落事故。

第二节　高处坠落危险辨识

高处作业因施工环境和作业条件差，不安全因素随着施工项目和作业过程变化而变化，事故隐患较多，其主要原因是：作业人员缺乏高处作业的安全技术知识；防高处坠落的安全设施、设备不健全；高处作业环境恶劣的影响；安全管理上存在的缺陷。根据事故致因理论，事故致因因素包括人的因素、物的因素、环境因素、管理因素 4 个主要方面。

一、人的不安全行为

（1）不系安全带（绳）和不佩戴安全帽。

（2）在转移作业地点时因没有及时系好安全带或安全带系挂不牢而坠落。

（3）酒后进行高处作业和疲劳作业。

（4）思想不集中或开玩笑、追逐、嬉闹。

（5）人在移动过程中被绊，踩中易滚动或不稳定物件而失身失足坠落。

（6）在铁塔、电杆、设备、构架、树、钢架、脚手架上，攀爬失手而坠落。

（7）高处作业移动位置时，踏空、失稳或站位不当而坠落。

（8）在管道、小梁行走时因脚步不稳（如打滑、踩空）身体失控坠落。

（9）踩塌轻型屋面板时坠落。

（10）在高空持物行走或传递物品时坠落。

（11）跨越未封闭或封闭不严孔洞、沟槽、井坑而失足坠落。

（12）坡面作业时一个安全桩拴两根安全绳及以上或一根安全绳同时供两人及以上使用而导致坠落。

（13）高处作业时因不戴工具袋手抓物件而失足坠落。

（14）梯子摆放不稳、角度过大过小、垫高接高使用及下部无人员监护而倾倒。

（15）操作中用力过猛、猛拉猛甩不受力物件或操作失误导致失稳而坠落。

（16）登高使用的移动设备不采取止轮滑移，无人员监护而坠落。

（17）因睡眠、休息不足而导致精神不振。

二、物的不安全状态

（1）不按规定搭设脚手架，架上的脚手板、架子管因强度不够而弯曲变形。

（2）断裂而失稳导致人员坠落。

（3）坡面作业安全桩安设不稳固导致人员坠落。

（4）梯子不坚固、完整、断挡缺挡、折断、铁梯挡脱焊、梯脚底未采取包扎、钉胶皮防滑措施导致人员坠落。

（5）构架、杆件等部件脱开脱落导致人员坠落。

（6）劳动防护用品缺陷，安全帽、安全带、安全绳、防滑鞋等用品因内在缺陷而破损、断裂等引起的人员坠落。

（7）安全防护设施的材质强度不够、安装不良、磨损老化导致人员坠落。

（8）触电、物件打击或其他方式导致的人员坠落。

（9）在从事检修设备、调换灯具和保洁工作等作业时因不采取防坠落措施而坠落。

三、作业环境不良

（1）现场施工作业场地不平整，孔洞、坑池及操作平台、高处边缘缺乏栏杆、盖板，钢管、扣件等材料因壁厚不足、腐蚀、扣件不合格而折断、变形失去防护作用导致的人员坠落。

（2）在脚手架、脚手板及其他高处上超重聚集人员和超重放置材料、物件导致人员坠落。

（3）通道上摆放过多物品，货物、材料、物件堆放不稳固导致人员坠落。

（4）巡视中不看地形，从山崖坠落。

（5）在雷雨、大雾或6级以上（含6级）大风的气象条件下，从事露天高处作业。

（6）夜间进行高处作业没有足够的照明设备。

（7）冬季施工未做好防冻、防滑、防寒措施，爬梯、杆、柱上未采用草袋、（麻片）包裹防滑；霜冻、雨雪天气未清除霜冻后再进行作业。

四、安全管理缺陷

（1）作业前不进行安全分析，制订安全技术措施并组织交底，不向作业人员交代作业任务和安全注意事项。

（2）作业前不对施工现场进行检查督促，落实安全措施。

（3）患有高血压、心脏病、严重贫血、美尼尔氏症、癫痫病、精神病和其他不适合高处作业的人从事登高作业。

（4）作业完毕后不对作业场所进行检查，没有在确认安全无误后再下班，有交接班的作业不认真进行交接班，无交接班记录，交班不清楚。

（5）因擅自拆除安全防护设施而坠落。

（6）特殊高处作业时因无安全网或其他防坠落措施导致人员坠落。

（7）轻型屋面上作业无防坠措施导致人员坠落。

（8）指派无登高架设作业操作资格的人员从事登高架设作业。

（9）从事高处作业时未设立并明确现场监护人员。

（10）违章指挥强令冒险作业。

（11）搭设完毕的设施，未经施工负责人全面检查验收后便使用。

第三节　预防高处坠落的作业安全要求

预防高处坠落需加强科学管理，明确岗位责任，熟悉作业方法．掌握技术知识，执行操作规程，正确使用防护用具用品，加强日常检查，做好防范工作，防止人与物从高处坠落的事故发生，才能有效地保障作业人员的人身安全。

一、高处作业人员要求

（1）凡从事高处作业的人员必须身体健康，并定期进行体格检查。严禁患有高血压、心脏病、严重贫血、美尼尔氏症、癫痫病、精神病和其他不适合进行高处作业的人从事高处作业。

（2）凡从事高处作业的人员必须经高处作业上岗前的安全技术培训，熟知现场环境和施工安全要求，经考训合格后，方可上岗作业。

（3）凡从事高处作业的人员在工作中必须服从分工，听从指挥，了解本工作的作业内容和作业区域的环境条件，相互密切配合，行动统一，在保证作业安全的条件下开展作业。

（4）从事高处作业时必须设立并明确现场监护人员。对于违章指挥，作业人员有权抵制；对于违章作业，施工作业负责人和监护人有权制止与批评教育；对于不听劝阻者，监护人有权制止、停止其作业。相关管理人员应随时检查高处作业情况。在雷雨、大雾或 6 级以上（含 6 级）大风的气象条件下，不得安排露天高处作业。

（5）从事高处作业的人员必须正确穿戴好劳动防护用品，戴好安全帽、系好安全带（绳），穿好防滑软底鞋，不准穿拖鞋或赤脚作业，应有专门的工作服，扎紧袖口、扣好纽扣、束好衣服下摆、扎好裤管口，不能穿过于宽松和飘逸的衣服，做到衣着灵便。

（6）从事高处作业的人员严禁岗前饮酒，作业中严禁追逐、嬉闹、开玩笑，在作业的高处睡觉。作业中严禁因争抢时间而违章冒险作业；须注意劳逸结合，防止疲劳作业，工间休息应选择安全的地方休息。

（7）作业完毕后要对作业场所进行检查，确认安全无误后方可下班，有交接班的作业必须认真进行交接班，做好交接班记录，做到交班不清楚不接班。

二、高处作业环境要求

（1）高处作业场所应设定警戒范围并围挡，凡有危险的作业点应及时设置安全警示标志，不得擅自移动。

（2）高处作业场所必须有安全通道，通道不得堆放过多物件，垃圾和废料，边缘及孔洞的设置符合安全规定的栏杆或盖板。悬空进行作业处应有牢靠的立足处，必须配置防护栏网或其他安全设施。夜间进行高处作业必须有足够的照明设备。

（3）脚手架搭设符合规程要求并经常检查维修，工作面必须铺设好脚手板，接头应设置在撑竿上，不得悬空，探头板应采取双边捆绑的防护措施。凡开裂严重、斜纹裂痕、腐朽、硬伤、有空洞、严重变形、有大节疤等缺陷和厚度小于 5 cm 或板宽小于 25 cm 的脚手板严禁被投入高处作业使用。

（4）遇有 6 级以上大风及恶劣天气时应停止高处作业。风息、雨停复工前，必须检查已检修安装的构件、设备、架子等是否牢固，如发现问题，应及时处理，处理妥当后方可复工作业。

（5）轻型或简易结构屋面上作业时，应铺木板分散应力以免踩踏屋面。临时使用搭设的支架时应稳妥牢固，满足施工作业需要，上方作业面应铺设好脚手板并捆绑牢固，需经验收合格后方可使用。

（6）临边作业应设置防护围栏和安全网。栏杆下方应设踢脚板拦护，以防人员和物件的坠落，平台上的脚手板应铺设稳妥，不得有探头板和空洞。临空处下方应设有安全网防护，安全网应悬挑出平台边缘。未设置隔离设施的高处作业，人员不得进行垂直施工作业。

（7）因工作需要移动或临时拆除的脚手板、安全网、栏杆、安全标志等安全设施，在作业完工后必须立即恢复。没有固定的脚手架或不稳定的结构严禁高处作业，必须处理完善后方可开始从事高处作业。

（8）架设的辅助设施（如缆风绳、拉索、吊索、支撑）要设有标志，由专人监护，防止有人移动。遇特殊情况下需高处作业的应架设可靠的安全防护辅助设施后，方可进行作业（如在车顶作业时要选择便于作业人员扣、挂、栓安全带（绳）的牢靠处等）。

（9）冬季施工要做好防冻、防滑、防寒措施，爬梯、杆、柱上要采用草袋（麻片）包裹防滑；霜冻、雨雪天气要先清除霜冻后再进行作业。

三、高处作业安全要求

1. 作业前要进行安全分析

制订安全技术措施并组织交底，向作业人员交代作业任务和安全注意事项，详细了解作业内容和作业部位及周边状况，如图6-4所示。

图6-4　安全技术交底

2. 作业前应对施工现场进行检查督促

落实安全措施，要对人员行走的通道，行走和站立的脚手板，临空处的栏杆、安全网，上下梯等进行检查，确认符合安全要求后方可进行作业。搭设完毕的设施，必须经施工负责人全面检查验收后方能使用。

3. 安全防护用品

（1）作业前必须检查劳动防护用品穿戴情况，安全防护用具在使用前要进行检查，确保其性能完好，应相互检查，发现使用者使用不当时应及时给予纠正。

①安全带、安全绳、安全帽在每次使用前，必须详细检查，凡发现安全带编织带有破损、伤痕及安全绳有伤痕的不准使用。

②金属件（半圆环、圆环、8字环、品字环、搭钩等）变形、闭锁装置失效和金属件是焊接件时，不得使用。

③要束紧腰带，腰扣组件必须系紧系正。

④利用安全带进行悬挂作业时，不能将挂钩直接勾在安全带绳上，应勾在安全带绳的挂环上，如图6-5所示。

⑤禁止将安全带挂在不牢固或带尖锐角的构件上。

⑥使用一同类型安全带，各部件不能擅自更换。

⑦受到严重冲击的安全带，即使外形未变也不可使用。

⑧严禁使用安全带来传递重物。

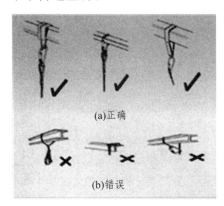

图 6-5　系挂安全带方法

（2）安全带、安全绳每半年做一次鉴定，其方法为：静荷载试验，用静荷载 3 000 N 的力拉 5 min 不断；冲击试验：固定安全带（绳）一端用 800 N 物，由 3 m 高处自由坠落而不断。

（3）作业中必须戴好安全帽，如图 6-6 所示，安全帽外帽壳必须完好，与内衬有良好的连接。帽系带必须牢固有效，与帽衬联系牢靠，使用安全帽时帽系带必须系牢，有利于防止安全帽脱落。严禁将安全帽当板凳坐。

（4）作业中必须系好安全带（绳），并且挂在作业处上方（高挂低用）的牢固的构架上，不准钩在转动设备或移动部件上。移动作业时应随摘随挂。调车作业使用手制动机（上闸台溜放、防溜）时，要做到"上车先挂钩""下车先摘钩"。

（5）坡面（陡坡）作业安全桩及固定结构的安设应稳固，严禁一个安全桩拴两根安全绳及以上或一根安全绳同时供两人及以上使用，谨防保护失效。未设置隔离设备时，严禁双层垂直作业。

（6）使用移动作业架时，特别是移动作业架钩挂在桥梁人行道栏杆上时，应详细检查人行道、托架 U 形螺栓和作业架，同时应对人行道、承重结构的支架，梁体荷载进行检算。未检查或经验算及检算结果不符有关规定时，不得作业。

（7）严禁在不稳固的脚手架或结构上行走或在未采取防护措施的情况下便进行作业。同时还要及时清理脚手架上的工件和零散物品。

（8）攀登作业安全要求。

① 攀登支柱、铁塔、电杆、设备、构架、树、脚手架前要检查其状态，选择攀登方向和条件，攀登时手把牢靠，脚踏稳准。要防止安全带从杆顶、构架等处脱出，如图6-7所示。

图 6-6　安全帽的正确戴法　　　　图 6-7　攀登支柱标准作业

② 支架拼装等作业的爬梯应随支架接高及时安装，禁止作业人员始终从结构杆件上攀上攀下。

③ 用脚和踏板攀登时，每步登高板扣好，挂钩开口朝上，并收紧挂钩再试拉；用脚扣时要试踏牢稳。要卡牢和系紧，严防滑落，未系好安全带、扣好保险前，禁止进行任何作业。每下一步电杆都安扣好登高板挂钩，并收紧试拉，每步下杆距离不应过大。禁止不借助于登杆工具，而从杆上滑下，跳下。

④ 高处作业应使用安全可靠的登高工具，严禁利用一般起重设备吊运或攀爬脚手架，设备等方式登高。作业至少需要两人，一人工作，一人监护，禁止一人单独工作和夜间高处作业。

⑤ 高处作业所用的工具、零部件、材料等必须装入工具袋，上下时手中不得拿物件，正确使用各种工具、专门的用具传递，禁止上下抛掷。

⑥ 在杆、塔等有人作业时，在下方的人员必须处于依上层高度确定的可能坠落范围半径之外，半径内不得有人，杆、塔下方人员应戴安全帽并保持安全距离。

⑦ 在寒冷地区的冬天时，在杆、塔等上的工作时间不宜过长，以防止手脚冻僵，发生意外。

⑧ 上树砍剪树枝时，应有专人防护，作业人员不应攀抓脆弱和枯死的树枝，应站在坚固的树干上，系好安全带。

（9）供电接触网作业安全要求。

①检修作业车作业人员在作业平台防护栅外作业时，必须将安全带系在牢固可靠的部位。

②作业平台上有人作业时，应听从作业平台上操作人员的指挥，在车辆移动前，应注意检修作业车及作业平台周围的环境、设备、人员和机具等情况，与附近的设备保持规定的安全距离，注意防止接触网设备碰刷坠落。移动的速度不得超过 10 km/h，且不得急剧起、停车。

③用车梯作业时应指定负责人，工作台上的人员不得超过 2 名。所用的零件、工具等均不得放置在工作台台面上。

④所用的车梯和梯子必须结实、轻便、稳固。作业中推动车梯应服从工作台上人员的指挥。工作领导人和推车梯人员，要时刻注意和保持车梯的稳定状态。工作台上人员和车梯负责人要呼唤应答，配合妥当。

⑤当车梯工作台面上有人时，推动车梯的速度不得超过 5 km/h，并不得发生冲击和急剧起、停。

⑥检修作业车移动或作业平台升降、转向时，严禁人员上、下。人员上、下作业平台时应征得作业平台操作人或监护人同意。作业时须关好作业平台的防护门，防护门关闭时应有闭锁装置。

⑦当车梯在曲线上或遇大风时，对车梯要采取防止倾倒的措施。当车梯在大坡道上时，要采取防止滑移的措施。

⑧当车梯放在道床、路肩上或作业人员超出工作台范围作业时，作业人员要将安全带系在接触网上，不得系在车梯工作台框架上，车梯在地面上推动时，工作台上不得有人停留。如图 6-8、图 6-9、图 6-10 所示。

图 6-8

图 6-9

图 6-10

（10）在石棉瓦、玻璃钢瓦、瓦楞铁、塑料屋顶（或薄板材料、轻型材料）作业时，必须铺设人字梯、木板，并做好必要的固定措施，以便工作和行走，禁止直接踩踏石棉瓦和玻璃钢瓦。

（11）使用梯子作业的安全要求如下：

① 首先检查梯子是否坚固，放置要牢稳，不可使其动摇或倾斜过度，梯脚应采取防滑措施（包脚），戴好安全帽，必须有人扶梯监护，方可作业。

② 立梯坡度一般为 60°左右的角度、上部夹角以 35°~45°为宜。梯子不得垫高、接高使用。

③ 金属梯不应在电气设备附近使用。

④ 梯子支柱必须能承受工作人员携带工具攀登时的总重量，梯阶的距离不应大于 40 cm。

⑤ 必须登在距梯顶不少于 1 m 的梯登上工作。

⑥ 严禁两人同时在梯上作业。

⑦ 靠在管子上或金属物体上使用的梯子,其上端必须用绳索或铅丝扎住。

⑧ 人在梯子上工作时，严禁移动梯子。上下梯子时，必须面向梯子，且不得手持器物。

⑨ 人字梯必须具有坚固的铰链和限制开度在 30°～60°的拉索。

（12）从事高处作业时，必须注意架空电线，做好隔绝措施。要保持规定的安全距离，并要注意防止运送导电材料触碰电线。靠近电源线路作业前，应先联系停电，确认停电后方可进行工作。

（13）非生产高处作业，打扫卫生、贴刷标语，擦玻璃等需要登高的作业也要按高处作业要求，系好安全带，并且要把安全带拴在牢固的构筑物上。严禁手拉门、窗进行攀登。构的支架、梁体荷载进行检算。未检查或经检算及检算结果不符合有关规定时，不得进行作业。

第四节　事故案例分析

一、案例一

（一）事故概况

2012 年 5 月 13 日 14 时 23 分，成都铁路局成都工务机械段线路清筛二车间，在成昆线杨漩至共和间 K223＋400～K225＋300 处进行大修清筛Ⅲ级施工。鸭子池 2 号桥 K223＋684～K223＋717 处桥梁左侧第 4 孔 31.7 m 的人行道突然整体脱落，4 名作业人员掉落桥下，其中 2 人经抢救无效死亡，另 2 人重伤，构成责任铁路交通一般 A（A1）类事故（图 6-11、图 6-12）。

图 6-11　桥梁整体脱落

图 6-12

（二）事故原因

（1）桥梁质量存在先天缺陷。桥梁承载能力严重不足。此次事故桥梁系由中铁十五局贵州中铁路桥工程有限公司（原铁道部都匀桥梁工厂）预制，6号步行板托架预埋在混凝土内的 U 形螺栓从旧裂痕处突然断裂，将该螺栓从梁体中拉出，并迅速将其他 20 个埋深不足的 U 形螺栓整体从梁体中拔出，引发了全长 31.7 m 的桥梁人行道的整体从桥体脱落，是造成事故的主要原因。

（2）施工安全管理失控。成都工务机械段在作业前没有对桥梁状态全面调查、没有进行检算、没有规定在人行道上堆放重物的堆放方式和数量；作业人员在人行道上随意堆放道砟，未按规定边清筛边处理，增加了人行道荷载，在人行道步行板托架结构强度不足，以及作业人员动态荷载的情况下诱发了事故（图 6-13，图 6-14）。

图 6-13

图 6-14

（三）事故教训

（1）施工作业前没有对桥梁、人行道及安全设备全面排查，没有重点检查人行道U形螺栓连接状况、步行板托架锈蚀状况、设备焊接部位连接状况、桥梁附属结构受拉、受剪应力螺栓状况.

（2）没有严格执行人行道上堆放重物的规定和控制桥上钢支架人行道堆载；没有严格执行施工作业中无法避免在人行道堆载时，必须对人行道钢支架、步行板进行全面检查；没有依据检查结果，检算承载力和稳定性，并根据检算结果提出堆载的控制要求，并安排专人负责检查，确保有效控制堆载重量。

二、案例二

（一）事故概况

2013年3月15日9时31分，南昌铁路局厦门供电段漳平供电车间城口接触网工区1名接触网工，在鹰厦线麦园至城门站间K480＋447，123号桥的219号接触网支柱（钢支柱），利用天窗进行接触网悬挂检修和清扫绝缘子作业，从作业车平台上攀登到支柱上部（距轨面约7m）时，准备将安全带围套在钢支柱过程中，因未做到手把牢靠、脚踏稳准，不慎从18m高的接触网支柱上坠落至河床上（差约18m），经抢救无效死亡，构成责任死亡事故（图6-15、图6-16）。

（二）事故原因

在接触网工在作业难度较大、危险性较高的桥支柱上作业时，有章不循，忽视安全，攀登支柱时未手把牢靠、脚踏稳准，未按规定同时使用安全带和辅助安全绳的，是造成该起事故的直接原因。

图6-15　事故桥钢支柱

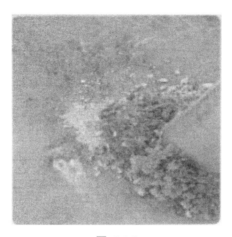

图 6-16

（三）事故教训

（1）该接触网工违反《接触网安全工作规程》（铁运〔2007〕69 号）第 43 条"攀登支柱时要手把牢靠、脚踏稳准…"和《厦门供电段劳动安全"三防"措施》（厦供安〔2011〕40 号）第 1 条第 3 项"攀爬作业要注意防滑，做到手把牢靠、脚踏稳准…"的相关规定。

（2）该作业属国标 GB/T 3608—2008《高处作业分级》规定的 3 级高处作业（15～30 m），危险性较高，该接触网工违反了《厦门供电段安全生产关键控制点及卡控措施》（厦供安〔2011〕27 号）第 3 项"在桥上、悬崖（含高护坡）处的支柱上检修，应借助作业车作业，若需进行攀爬时必须有专人监护，攀爬过程中需用安全带扣在钢柱上（安全带要有两根安全绳且必须始终保证有一根安全绳扣在钢柱上）再进行攀爬"的相关规定。

三、案例三

（一）事故概况

2009 年 11 月 6 日 13 时 10 分,济南铁路局济南供电段日照供电车间前莒南电力工区 2 名电力工，按照施工计划，配合中铁建电气化局新荷兖日电气化改造莒南至坪上间 10 kV 自闭线 14 号～18 号杆架空线改电缆施工作业，当两名电力工将 18 号杆旧导线自电杆顶部向下放到 1 m 左右位置时，电杆下节法兰盘与水泥杆连接处突然折断，折断的上节电杆向东北方向倒下，杆顶落地，2 人随杆倒地，1 名电力工经抢救无效后死亡，另一名电力工重伤。构成责任死亡事故（图 6-17、图 6-18）。

图 6-17

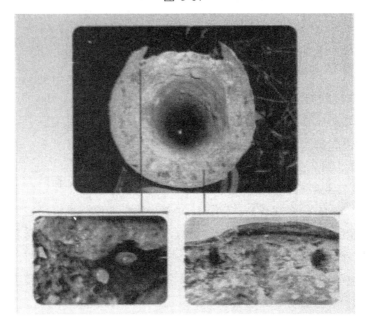

图 6-18

（二）事故原因

（1）日照供电车间莒南电力工区配合施工的工作内容是停送电，但 2 名电力工超出施工配合工作内容，直接参与了架空线改电缆作业，上杆前未对杆身进行检查，是造成事故的主要原因。

（2）18 号电杆西侧导线全部拆除后，没有导线作为维持 18 号电杆平衡的支撑且 2 名作业人员在电杆上位于不平衡位置，使电杆受力发生变化失去平衡，由于电杆北侧 5 根未断钢筋支撑，导致电杆上段倒向北侧方向，最终导致了 18 号电杆折断，是造成事故的重要原因。

（3）中铁株洲桥梁有限公司在生产过程中，未按规定对电杆采取防腐处理或防腐措施处理不到位，违反《环形预应力混凝土电杆》国家标准（GB/T 4623-84）第 5.7.2 的相关规定，即"电杆脱模后或出厂前，电杆两端的预应力钢筋头必须切除，并采取有效的防腐措施处理"的规定，导致 18 号电杆法兰盘与电杆连接处 18 根钢筋中的 13 根先期断裂，降低了法兰盘与电杆混凝土间的强度，是造成事故的又一重要原因。

（三）事故教训

（1）生产厂家对法兰盘与电杆连接处未做防腐处理或防腐处理质量不到位，电杆内部钢筋存在先期锈蚀和电杆在使用期间存在应力作用，使 18 根钢筋中有 13 根先期断裂，降低了法兰盘与电杆混凝土间的强度。

（2）当 18 号电杆西侧导线全部拆除后，没有导线作为维持 18 号电杆平衡的支撑，2 名作业人员在电杆上位于不平衡位置时，电杆因受力发生变化失去平衡，导致事故发生。

（3）电力工区超出施工配合工作内容，直接参与架空线改电缆作业，对法兰盘与电杆连接处等关键、隐蔽部位是否有裂纹、锈蚀等安全隐患未进行检查确认，没有制订施工安全技术措施，盲目登高作业。

复习思考题

1. 什么是高处坠落？
2. 如何规定高处坠落范围？
3. 高处作业如何分级？
4. 高处坠落种类和特殊作业的类别有哪些？
5. 高处坠落主要类型有哪些？
6. 高处坠落主要原因是什么？
7. 高处作业人员的身体条件要符合哪些要求？
8. 使用梯子作业如何预防高处坠落？
9. 供电接触网高处作业应采取哪些安全技术措施？
10. 坡面（陡坡）作业应采取哪些防护措施？
11. 如何正确使用安全带？
12. 桥上作业应采取哪些防护措施？

第七章 预防起重伤害

铁路作业人员在货物装卸、搬运的作业过程中，经常发生因起重机械操作不当等原因造成的起重伤害事故。起重机械是蕴含危险因素较多、引发事故率较大的特种设备之一。但是，实践证明，只要掌握起重机械伤害事故的类型、特点以及其内在原因，制订防范事故发生的作业要求和措施并切实予以落实，起重伤害是可以防止和避免的。

第一节 起重伤害事故类型

起重机械结构形式可分为多个类型。一般具有较为庞大的金属结构、复杂的工作机构、复杂的工作环境，容易导致起重伤害事故的发生。

一、起重机械类型

依据国家质检总局《特种设备目录》（国质检〔2004〕31号）等规定，起重机械按照其结构形式，可分为桥式起重机、门式起重机、塔式起重机、流动式起重机、铁路起重机、门座起重机、升降机、缆索起重机、桅杆起重机、悬臂式起重机、轻小型起重设备、机械式停车设备12类。

其中，铁路常用的起重机主要包括桥式起重机、门式起重机、塔式起重机、流动式起重机、铁路起重机和轻小型起重设备。

二、起重伤害事故类型

起重伤害事故主要是指在起重机械使用、维修等各种作业中发生的人身伤害事故。

从起重伤害情况和原因来分，起重伤害事故类型主要有以下5类：

（1）打击伤害事故：起重作业中，由于吊具或吊装容器损坏、物件捆绑不牢、挂钩不当、电磁吸盘突然失电、起升机构零件故障（特别是制动器失灵，钢丝绳断裂）等原因，吊物、吊具等物件从空中坠落，造成伤害。

（2）夹挤伤害事故：起重作业中，起重机轨道两侧缺乏良好的安全通道或与建筑结构之间缺少足够的安全距离，使运行或回转的金属结构机体对作业人员造成夹挤伤害；运行机构的操作失误或制动器失灵引起溜车，造成碾压伤害。

（3）坠落伤害事故：起重作业人员在离地面大于 2 m 的高度进行起重机械作业时，因坠落造成伤害。

（4）触电伤害事故：起重作业人员在使用、维修器械中，因触电遭受电击发生伤害。触电事故一般是因为起重机械本身作为触电源造成的，或是因为起重机械在输电线附近作业时，距离高压带电体过近，感应带电或触碰带电物体，引发了触电伤害。

（5）倾翻伤害事故：由于操作不当（例如超载、臂架变幅或旋转过快等）支腿未找平或地基沉陷等原因，或者由于坡度或风载荷作用，起重机倾翻，造成伤害。

三、起重伤害事故的特点

1. 事故大型化、群体化

一起事故有时涉及多人，并可能伴随大面积设备设施的损坏。

2. 事故类型集中

一台设备可能发生多起不同性质的事故是不常见的。

3. 事故后果严重

只要是伤及人，往往是恶性事故，一般不是死亡就是重伤。

4. 伤害范围广

伤害涉及的人员可能是司机、司索工和作业范围内的其他人员，其中司索工被伤害的比例最高。

5. 随机发生率高

在起重机械吊运、安装（拆卸）、维修作业中都可能发生事故。其中，吊运作业中发生的事故最多。起重伤害事故类型与起重机械类别有关，打击伤害是各类起重机械共同的易发事故，此外还有桥、门式起重机的夹挤伤害事故，汽车起重机的倾翻伤害事故，塔式起重机倒塔折臂造成的倾翻伤害事故，门式起重机在风载作用下脱轨造成的倾翻伤害事故。

第二节　起重伤害危险辨识

预防起重伤害事故，须对所有起重作业活动中存在的危险源加以识别、评价，确定风险等级，依据法规要求及控制目标，落实管理措施，通过监控机制发现问题并予以纠正。起重伤害危险源主要分为人的因素、物的因素、环境因素和管理因素等 4 个主要方面。

一、人的不安全行为

1. 生理、心理性危险源

（1）健康状况异常。

（2）听力负荷超限。

（3）视力负荷超限。

（4）心理异常。

（5）从事晋级作业。

2. 行为性危险源

（1）起重机在开车前未发出开车信号。

（2）斜拉物料。

（3）未紧固物料。

（4）起吊埋在地下的工件或设备。

（5）超载起重。

（6）人站在起重臂下以及物料上、下等危险区域。

（7）用起重机吊运人员。

（8）紧急启动或制动。

（9）上下起重机扶梯时不注意。

（10）未按规定穿戴、使用防护帽、防护服和安全带等防护用品。

（11）未按照指挥信号作业。

（12）在起重机运行时进行调整、保养和检修。

（13）在轨道两侧狭小地方行走。

（14）误操作。

（15）指挥失误或违章指挥。

（16）监控失误。

（17）在输电线路下进行起重作业。

（18）作业中徒手直接矫正已起吊的物料或吊具。

（19）其他危险行为。

二、物的不安全状态

1. 设备设施缺陷

（1）使用时限过长造成零部件因磨损、变形或裂纹而失效。

（2）强度不够、刚度不够、稳定性差造成起重机折断或坍塌。

（3）制动器出现裂纹、摩擦垫片因磨损过多造成制动失效。

（4）车轮和轨道因存在的安全隐患造成起重机脱轨或坍塌。

（5）钢丝绳绳端因固接不合格造成钢丝绳脱落或破断。

（6）起重量限制器、力矩限制器、起升高度限制器、吊钩防脱装置等安全防护装置缺失或失效。

（7）警铃声响信号或指示灯失效。

（8）汽车起重机作业场所地面不平整、支撑不稳定、配重不平衡而造成起重机倾覆。

（9）离地 2 m 以上的平台或走道无防滑功能。

（10）其他设备缺陷。

2. 防护缺陷

（1）旋转部件等危险部位未安装防护罩。

（2）消防器材缺失或失效。

（3）重物有块口棱角时，未加衬垫。

（4）其他防护缺陷。

3. 电气缺陷

如带电部件、静电现象、短路、过载、电压、电弧、与高压带电部件无足够距离、在故障条件下变为带电零件等。

（1）电气设备损坏而造成触电事故。

（2）电气设备保护装置失效、裸露导线未加屏蔽等造成触电。

（3）吊具或钢丝绳与导电滑线意外接触。

（4）电气短路、过载等造成停电。

（5）其他电气缺陷。

4. 振动

如机械/部件振动、机械移动、运动部件偏离轴心、刮擦表面、不平衡的旋转部件等。

5. 噪声

如气穴现象、气体高速泄漏、气体啸声等。

6. 防护用品缺陷

如安全帽质量差、防护手套破损等。

7. 警示标志缺陷

（1）危险区域警示标志缺失或损坏。

（2）手柄、手轮、按钮及踏板等物件附近表示其用途和操作方向的标志缺失或损坏造成误操作。

（3）其他警示标志缺陷。

三、作业环境缺陷

（1）起重现场雾大、风沙大，能见度差，晚间光线太暗或眩目刺眼，看不清物体和周围障碍物，这是发生事故的隐患之一。

（2）生产噪声大，地面人员听不到指挥信号或思想麻痹，不能迅速避让，导致物体坠落伤人。

（3）起重机轨道两侧缺乏良好的安全通道或与建筑结构之间缺少足够的安全距离。

（4）司机视线不良和遮挡视线导致误操作。

（5）地面油污导致人员跌倒或坠落。

（6）因雷电、阵风、龙卷风、台风、地震等强自然灾害造成的出轨、倒塌、倾翻等设备事故。

（7）因场地拥挤、杂乱造成的碰撞、挤压事故。

（8）夜晚作业灯光太暗。

（9）作业场地粉尘严重，造成静电或对设备形成腐蚀。

（10）其他作业环境缺陷。

四、安全管理缺陷

（1）现场无人指挥。

（2）作业区内有人逗留。

（3）无证人员操作起重机。

（4）作业人员业务技能生疏。

（5）日常安全检查不到位。

（6）交接班制度不落实。

（7）起重机作业完毕后未归位停放。

（8）安全操作规程缺失或不合理。

（9）其他安全管理缺陷。

第三节　预防起重伤害的安全知识和作业要求

起重机械设备安全，是操作起重机械、有效预防起重伤害事故的根本，充分掌握起重机械安全作业的知识和要求，通晓事故伤害危险辨识，才能在起重作业中起到有效防范事故，保障作业人员人身安全的作用。

一、起重机械安全技术措施

1. 作业地点确定

施工作业应确定起重机械架设位置、行走路线、与建筑物安全距离等，长臂式的塔式起重机，还应考虑与建筑物架设支撑固定点的位置。

2. 起重机械对地基的要求

（1）履带式起重机：履带压强大，行走时需要有较好的道路。

（2）轮胎式和汽车式起重机：不适合在松软或泥泞的地面工作。必须稳定放妥撑脚减轻轮胎受载，不能用履带吊物行走。

（3）塔式起重机（轨道）：按规定铺设轨道，以防造成倒塔事故。

（4）塔式起重机（建筑师 I 型）：6~8t 上旋式，安装时须注意地锚的埋设，并由专人检查。

3．相关距离规定

起重机械工作时，臂架、吊具、辅具、钢丝绳、揽风绳及重物等，与输电线的最小距离应满足以下的规定：

（1）输电线路电压<1 kV，最小距离 1.5 m。

（2）输电线路电压 1～35 kV，最小距离 3 m。

（3）输电线路电压≥60 kV，最小距离为〔0.01（v – 50）+3〕m，式中 v 为输电线路电压，单位为 kV。

4．多台起重机同范围作业注意事项

（1）两台起重机塔身间最小距离为低位起重机起重臂长加 2 m，以防两机相碰。一台起重机中最低部件（吊钩在最高位置或被提升物品的最高位置）和另一台起重机中最高部件之间的垂直距离不小于 2 m。

（2）两台起重机平行移动，两机相距不小于 2 m，并须采取措施防止其中一台靠近另一台起重机。

（3）一台起重机在另一台顶部工作时，处于高位的须有设备装置，防止起升钢丝绳进入低位起重机的起重臂和平衡重扫过的范围内，它们间距最小应保持 2 m。

（4）所有起重机作业应装风向标。

（5）两台起重机抬吊，应选同型起重机，动作必须互相配合，两台吊钩滑轮组不能有较大倾斜，以防一台失重致使另一台超载。作业起重机安全载荷不得超过起重量的 80%。

（6）吊运不允许同时操作三个机构（即大车、小车、卷扬）；有主、副两套起升机构的，严禁同时利用主、副钩工作（设计允许的专用起重机除外）。

5．起重机械须设安全装置

如起重量限制器、行程限制器、过卷扬限制器、电气防护性接零装置、端部止挡、缓冲器、联锁装置、夹轨钳、信号装置等；起升高度大于 8 m 时应安装风速仪，风速大于 11 m/s 时能发出停止作业信号（汽车起重机等安装困难时可交给班组保管）。

6．起重机须设电器安全保护装置

如主隔离开关、紧急开关、短路保护、零位保护、失磁保护、过流保护、联锁保护、接地保护，并具有良好照明、音响信号等装置，起升、变幅、运行机构要有可靠的制动装置。

7. 设置安全警示标志

起重机必须按照《起重机械安全标志和危险图形符号总则》（GB15052—2010）的相关规定设置安全警示标志。

8. 轨道露天作业起重机，应设防风制动装置

在工作结束后；风力大于 6 级，停止工作后；在沿海工作的起重机，风力大于 7 级，停止工作后，均需将起重机可靠锚定。

9. 起重机安装与拆卸

起重机安装与拆卸须严格按设备说明书、施工技术方案、安全技术交底实施。安装与拆卸人员须具备特种设备作业人员资格，持证进行操作。

10. 吊钩、吊环

吊钩、吊环应用锻制毛坯加工，并有产品检验合格证。吊钩、吊环磨损严禁补焊，并严格按要求报废。

11. 存在安全隐患时

起重机械设备存在安全隐患，绝不得侥幸带病运行，一律禁止使用，待修复检验和验收合格后，才能继续运行使用。

二、起重机安全操作措施

1. 作业前准备

（1）必须正确佩戴个人防护用品。起重机司机、指挥人员需持证上岗。

（2）检查、清理作业场地，确定搬运路线，清除障碍物。室外作业应了解天气预报。流动式起重机要垫实支撑地面，牢固可靠打好支腿，防止地基沉陷。

（3）对起重机各设备部件状态和吊装工具、辅件等进行安全检查、交接。

（4）熟悉吊物状况，根据技术数据进行受力计算，确定吊点位置和捆绑方式。

（5）对于大型、重要物件的吊运或多台起重机共同进行的作业吊装，须由物件有关人员、指挥、起重机司机和司索工共同确定作业方案，必要时提报审查批准。

（6）作业前应做好安全预测，对可能出现的事故，采取有效预防措施，制订应急处置对策。

2. 作业过程中的安全事项

（1）操作前和操作中接近人。必须及时鸣铃或示警。

（2）操作过程中的"六不准"：不准利用权限位置限制器停车；不准利用打反车进行制动；不准在起重作业中进行检查和维修；不准带载调整起升、变幅机构的制动器，或带载增大作业幅度；不准吊物从人头顶上通过；吊物和起重臂下不准站人。

（3）严格按指挥信号操作，接到紧急停止信号后，均必须立即紧急停止作业。

（4）吊载接近或达到额定值，或起吊危险品（液态金属、有害物、易燃易爆物）时，吊运前认真检查制动器，并用小高度、短行程试吊，确认没有问题后再吊运。

3. 作业过程中指挥的注意事项

（1）无论采用何种指挥信号，必须规范、准确、明了。

（2）指挥者所处的位置应能全面观察作业现场，并使司机、司索工都可清楚看到。

（3）在进行作业的整个过程中（特别是重物悬挂在空中时），指挥者和司索工都不得擅离职守，应密切注意观察吊物及周围情况，发现问题后，及时发出指挥信号。

4. 作业过程中

所有人员应根据现场作业条件选择安全的位置作业。在卷扬机与地滑轮之间穿越钢丝绳的区域，禁止人员停留和通行。起重吊装的过程中必须设专人指挥，其他人员必须服从指挥。

5. 作业过程中严格执行"十不吊"

（1）超重或埋藏地下物不吊。

（2）非信号人员指挥或信号不明不吊。

（3）重量不明不吊。

（4）吊钩没对准货物重心（歪拉斜拽）不吊。

（5）未试吊不吊。

（6）简化挂索、捆绑不牢不吊。

（7）6 m 以上长大件货物无牵引绳不吊。

（8）货件上有人，有浮摆物或勾连其他货件不吊。

（9）吊索夹角过大不吊（不宜超过 90°）。

（10）金属尖锐棱角货物吊索无衬垫不吊。

6. 作业过程中吊运物品坚持"三不越过"

（1）不从人头上越过。

（2）不从汽车、火车头上越过。

（3）不从设备上越过。

7. 作业完毕

（1）将吊钩升至规定高度，吊钩不准悬挂重物，小车停到驾驶室一端。

（2）露天起重机作业完毕后应加以锚定。

（3）各控制器手柄必须放于"O"位，切断电源。

（4）认真填写运行记录、交接班记录，特别是不安全因素必须交代清楚。

8. 工作中突然断电

此时应将所有控制器手柄扳回零位；重新工作前，应检查起重机是否正常。

第四节 事故案例分析

一、案例一

（一）事故概况

2008 年 5 月 26 日 16 时 40 分，北京铁路局张家口车务段张家口南站货场多经"宏远班组"一名叉车司机驾驶叉车装载遮挡视线的超大货件，在货场安全通道左侧高速逆行，将正在站台作业的一名车号员撞轧，车号员经抢救无效死亡，构成责任死亡事故。

（二）事故原因

（1）该叉车司机安全法制责任意识淡薄，安全素质低，作业中臆测行事，违章驾驶叉车装载遮挡视线的超大货件在货场安全通道左侧高速逆行，是造成事故的直接原因，也是主要原因。

（2）张家口南站货场多经宏远服务部安全责任制、安全管理制度和人身安全防范措施等不健全；多经"宏远班组"当日从事危险作业，班前未执行安全危险预想防控制度，是造成事故的重要原因。

（三）事故教训

（1）该叉车司机违反了铁道部《铁路装卸作业标准小型叉车作业标准》（TB 1936.687）第二项出车程序第五款走行标准"叉车作业在货场右侧行驶，行驶速度不超过 15 km/h；视线不良时，速度不超过 3 km/h"和第 6 项第 13 款"当搬运大体积货物，货物遮挡驾驶员视线时，叉车应倒车低速行驶"的规定。

（2）多经"宏远服务部"负责人，日常对叉车司机不落实作业标准化等习惯性违章，失察、失管、失控；多经"宏远服务部"对自主购置、使用的 3 台叉车，未依法办理登记取证使用手续和进行年度安全性能检测检验，日常不按规定对叉车设备进行定期维保，其肇事叉车速度仪表损坏、车况不良，充满事故隐患，却又长期无人问津。

二、案例二

（一）事故概况

2007 年 7 月 23 日 23 时 21 分，兰州铁路局 N857 次客运列车，运行至兰新线大青阳口—马莲井间，因前行的货物列车 85209 次在该区间停车并向后溜逸，列车发生正面冲突，造成 N857 次客车机车脱轨。24 日 18 时 02 分，该局嘉峪关机务段 N1602-4014 号铁路起重机准备对脱轨的 N857 次机车进行移位作业，起重机在空载状态下吊臂回转时，起重机整体重心失衡，车体向后部突然发生侧翻，带动吊臂倒向线路北侧，吊臂与起重机分离甩出后，将北侧高压线砸断的同时，将正在路基北侧下方休息的兰州西电务段参加救援的 3 名作业人员当场砸死，6 人受轻伤（图 7-1）。

（二）事故原因

（1）违章指挥。嘉峪关机务段张掖救援列车主任严重违反铁路起重机操作规程中"挂活动配重前，必须先打好支腿"的规定，违章指挥 2 名司索工进行作业，在未打支腿的情况下挂上 32 t 的活动配重，并指示二班工长严重违反"不使用支腿，有活动配重作业时严禁吊臂出±10°区"的规定，指挥起重机吊臂由西经南向东回转180°，是造成事故的直接原因。

（2）违章作业。起重机司机接受违章命令，违章作业，导致起重机转台在旋转过程中出现起重机整体重心失衡，起重机向北侧翻，带动吊臂向北倾倒甩出的情况。是造成事故的重要原因。

图 7-1

（三）事故教训

（1）救援专业技术管理人员不到位。事故救援中，机务主管救援的专职人员未到现场，救援指挥人员业务不熟悉，未及时根据现场线路平纵断面、脱轨车辆的实际情况，制订完善的救援方案。救援组织考虑不周，作业环节安排不细，特别未严格执行铁路起重机操作规程，匆忙组织，违章指挥，酿成事故。

（2）救援管理形成盲区，实作演练流于形式。由于长时间没有救援任务，日常放松了对救援人员、机具、设备的管理，致使在起重机挂活动配重后，救援人员心中无数，对可能出现的失衡现象未采取相应措施，盲目指挥操作，为事故的发生埋下隐患。

复习思考题

1．起重机械按结构形式，分为几大类？
2．常见的起重机械事故有哪几类？
3．起重伤害事故有哪些特点？
4．起重伤害危险源主要分为几类？

5．起重机在行驶中，严禁做哪些工作？

6．起重机有哪些影响着安全生产的特点？

7．影响钢丝绳使用寿命的主要因素有哪些？

8．简述起重机定期检查的周期及内容。

9．起重机电器安全保护装置包括哪几种？

10．何为起重作业"十不吊"？

第八章　预防物体打击

物体打击会对作业人员的安全造成威胁，生产过程中时常出现机具、工具、物料坠落，物体崩块碎片打击伤人的情况，甚至出现危及人生命安全的情况。特别在施工周期短，劳动力、施工机具、物料投入较多的情况下，交叉作业时常出现。这就要求在施工作业过程中，作业人员必须严格执行操作规程和有关规定，管理人员加强监督检查，防止物体打击事故的发生。

第一节　物体打击事故类型

物体打击是指由失控物体的重力或惯性力引起的伤害事故。物体打击的伤害适用于落下物、飞来物、滚石、锤击、碎裂、崩块等所造成的伤害。

以下是常见的事故类型。

（1）坠落物伤人。如工具、零件、零部件等物高处掉落伤人，钢轨、钢筋等重物坠落伤人。

（2）飞溅物伤人。如打桩、锤击造成碎物屑飞溅伤人，砂轮机、切割机破碎伤人。

（3）抛落物伤人。如旅客列车上抛掷的酒瓶、食物，货物列车上坠落的货物、松动的篷布、绳索等伤人。

（4）惯性力伤人。如撬棍、扳手滑脱伤人，钢丝绳甩击，夹具、工件飞出等伤人。

第二节　物体打击危险辨识

造成物体打击的原因是多方面的，在生产活动过程中由于存在多种危险有害的因素，主要包括人的因素、物的因素、环境因素、管理因素4个主要方面。

一、人的不安全行为

（1）人体进入危险区域，如在运行的起重机械下行走或穿行。

（2）忽视个人防护用品、用具的使用，如锯钢轨、用砂轮机打磨作业时，未佩戴防护眼镜。进入施工作业区域不戴安全帽。

（3）上下传送材料、工机具。

（4）作业人员从高处往下抛掷建筑材料、杂物、建筑垃圾。

（5）未经安全培训就上岗进行操作。

（6）出现险情时，应变失误。

（7）操作错误、忽视安全，如超载起吊物件。

（8）在起吊物上堆放其他物件。

二、物的不安全状态

（1）脚手架、支撑架强度、刚度不够、起吊重物的绳索不符合安全要求等。

（2）无安全防护装置。

（3）施工场地出入口、通道口未搭设双层防护棚和安全通道。

（4）支撑不当、防护距离不够。

（5）强度不够、刚度不够、稳定性差、制动器有缺陷等。

（6）起重设备或垂直运输机具零部件掉落。

（7）材料、构件、料具应按施工组织规定的位置堆放整齐。

三、作业环境不良

（1）采光照明不良、空气质量不良、气温过高、气温过低、大风、暴雨、大雪、自然灾害等。

（2）施工场所狭窄、安全过道有缺陷。

（3）作业场地塌陷。

四、安全管理缺陷

（1）违章指挥。

（2）安全责任制不落实，检查不到位，监督不严。

（3）安全操作规程缺乏或不健全，安全教育不够等。

（4）个人防护用品、用具缺少或有缺陷。

（5）拆除工程未设警示标志，周围未设护栏或未搭设防护棚。

（6）立体交叉作业。

（7）施工工程在邻近必须通行的道路上方和施工工程出入口处上方，均未搭设坚固、密封的防护棚。

第三节　预防物体打击的安全知识和作业要求

在作业过程中，作业人员要仔细观察、检查作业区域内的机械设备、建筑物、机具材料等的安全状况，及时发现和解决安全问题和隐患；严格执行安全作业标准，防止物体打击事故的发生。

一、作业人员的安全防护要求

（1）作业人员或检查人员进入施工现场必须按规定佩戴好合格的安全帽和其他防护用品。应在规定的安全通道内出入和上下，不得在非规定的通道位置行走。

（2）打桩和锤击时，作业人员必须戴防护眼镜，穿棉质工作衣裤和工作皮鞋。

（3）高处作业人员的身体条件要符合安全要求。如：不准患有高血压病、心脏病、贫血、癫痫病等不适合高处作业的人员从事高处作业；对疲劳过度、精神不振和思想情绪低落的人员要停止高处作业；严禁酒后从事高处作业。

（4）高处作业人员的个人着装要符合安全要求。如：根据实际需要配备安全帽、安全带和有关劳动保护用品；不准穿高跟鞋、拖鞋、硬底鞋或赤脚作业；如果是悬空高处作业要穿软底防滑鞋。不准攀爬脚手架或乘坐运料井字架吊篮上下，也不准从高处跳上跳下。

二、作业安全要求

（一）建筑施工作业安全要求

（1）拆除或拆卸作业要在设置了警戒区域、有人监护的条件下进行。

（2）多层建筑施工，在计划安排上要尽量避免出现立体交叉作业，确须进行立体交叉作业时，应事先采取隔离防护措施。

（3）搭设或拆除脚手架时，必须在作业区域设置警戒区，并由专人负责警戒，严禁无关人员穿越警戒区。拆除的架料、扣件，必须堆码整齐，统一吊运地面，严禁从高处向下投掷架管、架板、扣件等。翻架板时应事先清扫板上杂物。

（4）施工工程的出入口，必须搭设坚固预防护板棚，棚的宽度要大于出入口，棚的长度应根据建筑物高度分别设置，一般以 5~10 m 为宜。

（5）施工工程靠近必须通行的道路时，应在道路上方搭设坚固、密封的防护棚，防止落物伤害行人。

（6）临街建筑面或高层建筑施工周边，应用竹笆、小眼立网与竹席密封，防止砖渣、石块、螺帽等较小物体坠物伤人。

（7）边长小于或等于 250 mm 的预留洞口必须用坚实的盖板封闭，用砂浆固定。

（8）楼层中堆放各种材料、配件等，距边沿的距离应大于 1.5 m。靠近伸缩缝旁，不宜堆放材料。

（9）所有井宇架、门式架的吊篮，必须设置 1 m 高的钢筋网护栏、护门，防止砖头等小型材料或斗车在垂直升降中坠落伤人。

（10）高处作业的下方不得同时有人作业。必须同时作业时，应做好防止落物伤人的措施，并设专人看护。

（11）在平台上起吊大模板时，平台上禁止堆放其他任何材料、配件、工具等物件，防止滑落伤人。

（12）吊运大模板必须用卡环卡牢，防止模板坠落。大模板在校正固定之前，应用钢丝绳临时固定在楼板吊环身墙壁之筋上，以防止校正时大模板倾倒伤人。大模板应按施工组织设计规定的地方堆放，场地必须平整夯实。大模板存放时，必须将地脚螺栓提上去，使自稳角成为 70°~80°，没有支撑或自稳角不足的大模板，要放在专用的堆放架内或卧倒平放，不应靠在其他模板或构件上。

（13）深坑（槽）或地下室周边沿 1 m 内，不准堆放配件、模板、钢管、钢筋、砖石等材料，防止出现落物伤人或土方坍塌。

（14）在施工现场内，每一个危险部位都要悬挂相应的标志牌，以便提示职工预防危险的发生。

（二）铁路机械加工作业安全要求

（1）机器启动前应认真检查，保证能安全可靠地使用，防止零部件飞出伤人。

（2）转动机器应加装防护罩，不得触及转动部位。

（3）用撬棍翻转钢轨时，作业人员要站在同一侧，且不能用力过猛，防止撬棍、钢轨伤人。

（4）使用砂轮机时严禁戴手套，要戴好防护镜。

（5）开动砂轮时必须等待 40～60 s 使转速稳定后方可磨削，磨削工件时应站在砂轮的侧面，不可正对砂轮，以防砂轮片破碎飞出伤人；不允许在砂轮机上磨削较大较长的工件，防止震碎的砂轮飞出伤人。

（6）挥抢大锤不准戴手套，在打击第一锤之前，应注意周围环境，确认不会落下伤人。

（7）敞车下侧门需要撑起时，应确认前方无人，用规定的专用工具或吊钩撑牢。关闭下侧门时，要呼唤确认车下无人。修换上侧门板时，要确认侧门的两侧插好扁销。修换门轴和插销座螺栓时要逐个更换，禁止全部拆除，注意防止插销座螺栓松弛受震脱落伤人。

（8）装卸轮对、车轴、车轮时，吊具挂妥后，要呼唤应答，人员要及时躲开，防止滑动、坠落。

三、工机具、物料运送要求

（1）材料应堆放整齐、平稳，作业场地及时清扫，每天做到工完场清。清理的各楼层杂物，应集中放入垃圾桶或斗车内，并及时吊运到地面，严禁从窗内往外乱投掷物料。

（2）吊运一切物料时都必须由持有司索工上岗证的人员进行指挥，散料应用吊篮装置好后才能起吊。

（3）高空安装起重设备或垂直运输机具时，要防止零部件落下伤人。

（4）高处作业人员应佩戴工具袋，使用的小型工具及小型材料、配件等，必须装入工具袋内，防止坠落伤人。高处作业使用的较大工具，应放入楼层的工具箱内。

（5）高处进行拆除作业时，对拆卸下的物料、建筑垃圾要及时清理和运走，不得在走道上任意乱放或向下丢弃。

（6）物料传递不准往下或向上乱抛材料和工具等物件。所有物料应堆放平稳，不得放在临边及洞口附近，并不可妨碍通行。

（7）上下传送材料，特别是易滑的钢材，绳结必须系牢，以防止材料散落伤人。严禁上下作业和抛递工具、材料。

（8）在深坑内砌筑或浇筑等，所用材料均应用溜槽向下投料，不准采用传砖和其他乱投的方法。

第四节　事故案例分析

一、案例一

（一）事故概况

2004年4月9日11时45分，南昌铁路局新余工务段料库1名调度员，在段管线（料库内）进行废轨料吊装监督作业，该调度员在废轨料堆下清点数量时，被从钢轨支架上滑落下的一节长11 m的短轨砸中双脚，构成责任重伤事故。

（二）事故原因

（1）该调度员安全意识淡薄，自我保护意识不强，在清点废钢轨数量时未认真检查身边存在的安全隐患，是造成事故的直接原因。

（2）设置在被割长轨下的支架放置不当，在割轨中造成被割轨重心偏移，当长轨被割下的瞬间，另一端下滑，砸中正在旁边清点钢轨数量的调度员双脚，是造成事故的重要原因。

（三）事故教训

（1）该调度员清点钢轨前未认真检查作业区域内安全状况，未发现潜在的安全隐患。

（2）焊工割轨作业时没有观察周边环境，未注意该调度员已行至旁边清点钢轨，缺乏安全意识。

（3）钢轨支架未摆放稳固，造成该调度员被割轨滑动砸伤。

二、案例二

（一）事故概况

2004年2月26日8时35分，广州铁路集团公司长沙电务段工区2名铁路劳动安全作业人员前往潭市车站处理位于 K86＋700 轨道电路接续线断股 3 处的故障。作业中，1 名作业人员用铁冲冲旧接续线塞钉头，因塞钉头过紧，在无法冲出的情况下，该作业人员改为使用安装了 9.8 mm 钻头的电钻铣，因使用电钻过程中用力不均，致使钻头突然崩断成几块飞出，其中一块断冲钻头碎片屑溅入该作业人员的左眼，造成左眼失明，构成责任重伤事故。

（二）事故原因

（1）自我保护意识不强。该作业人员违章使用电钻冲铣旧塞钉头且未按规定戴防护眼镜，是造成事故的直接原因。

（2）联防互控不力。另 1 名作业人员对该作业人员违章作业，未及时制止，是造成事故的重要原因。

（三）事故教训

（1）安全教育培训不到位。日常劳动安全教育培训形式和方法缺乏针对性、有效性，部分职工不能真正从同类事故的发生中吸取教训、举一反三，没有提高安全意识和自我保护意识。

（2）电务部门的作用未能发挥。电务部门对现场作业缺少专业指导、检查和约束；对存在的伤害事故隐患与问题，缺少超前防范意识和强力控制手段。

复习思考题

1. 什么是物体打击伤害？
2. 物体打击的适用范围是什么？
3. 物体打击事故的种类有哪些？
4. 物体打击人的不安全行为有哪些？
5. 物体打击物的不安全状态有哪些？
6. 作业环境不良有哪些内容？
7. 吊运大模板时应注意的事项有哪些？
8. 上下传递工具、材料有何要求？

第九章　预防机械伤害

机械设备的使用过程中，由于操作者的不安全行为、机械设备的不安全状态等原因，往往容易引发各种机械伤害事故，严重的会造成人员伤亡，影响生产的正常进行。因此，为了防止和减少事故的发生，应采取安全防护措施。

第一节　机械伤害事故类型

机械设备种类繁多，设备运行时，其加工部件和机械设备本身可进行不同形式的机械运动，在其制造及运行、使用过程中，也会带来撞击、挤压、切割等，容易导致机械伤害事故的发生。

一、铁路常用的通用机械

铁路常用的通用机械主要有：
（1）金属切削机床，如钻床、车床、刨床、铣床、砂轮机等。
（2）锻压机械，如压力机等。
（3）冲剪压机械，如剪板机、液压机等。
（4）起重机械，如轻小型起重机械（千斤顶、绞车、滑车、手拉葫芦、电动葫芦等）、桥架式起重机械（梁式、通用桥式、门式和冶金桥、装卸桥式及缆索起重机械等）、臂架式起重机械（门座式、塔式、汽车式、履带式及铁路起重机械等）、升降机械（载人电梯或载货电梯、货物提升机等）。
（5）木工机械，如轻型带锯机、平刨机等。

二、常见的机械伤害类型

机械伤害是指人们在接触设备或与静止设备某部位做相对运动时，机械设备运动（静止）部件、工具、加工件直接与人体接触引起的挤压、碰撞、冲击、剪切、卷入、绞绕、甩出、切割、切断、刺扎等的伤害。

（1）机械设备零、部件做旋转运动可能造成伤害。例如机械设备中的轮、皮带轮、滑轮、轴、丝杠、联轴节等零部件，伤害的主要形式有绞伤和物体扭击伤。

（2）机械设备的零、部件作直线运动时造成的伤害。例如锻锤、冲床、切钣机的施压部件、拳头刨床的床头，龙门刨床的床面及桥式吊车大、小车和升降机构等，伤害的主要形式有压伤、砸伤、挤伤。

（3）刀具造成的伤害。例如车床上的车刀、铣床上的铣刀、钻床上的钻头、磨床上的磨轮、锯床上的锯条等刀具，伤害的主要形式有烫伤、刺伤、割伤。

（4）被加工的零件造成的伤害。这类伤害事故主要有：① 被加工零件固定不牢被甩出打伤人，例如车床卡盘夹不牢，在旋转时将工件甩出伤人。② 被加工的零件在吊运和装卸过程中，可能造成砸伤。

（5）电气系统造成的伤害。主要包括电动机、配电箱、开关、按钮、局部照明灯以及接零（地）和馈电导线等，造成伤害的主要形式是电击。

（6）手用工具造成的伤害。

（7）其他的伤害。例如有的机械设备在使用时伴随着发出强光、高温，还有的放出化学能、辐射能，以及尘毒危害物质等，这些对人体都可能造成伤害。

第二节　机械伤害危险辨识

为了便于进行危险源辨识和分析，首先应对危险因素与危害因素进行分类。机械伤害危险源主要分为：人的因素、物的因素、环境因素、管理因素 4 个主要方面。

一、人的不安全行为

（一）操作失误

（1）机械产生的噪声使操作者的知觉和听觉麻痹，导致不易判断或判断错误。

（2）依据错误或不完整的信息操纵或控制机械造成失误。

（3）机械的显示器、指示信号等显示失误使操作者误操作。

（4）控制与操纵系统的识别性、标准化不良而使操作者产生操作失误。

（5）时间紧迫致使没有充分考虑便急于处理问题。

（6）由于缺乏对动机械危险性的认识而产生操作失误。

（7）技术不熟练，操作方法不当。

（8）准备不充分，安排不周密，因仓促而导致操作失误。

（9）作业程序不当，监督检查不够，违章作业。

（10）人为的使机器处于不安全状态，如取下安全罩、切除联锁装置等。走捷径、图方便、忽略安全程序。如不盘车、不置换分析等。

（二）误入危险区

（1）操作机器的变化：如改变操作条件或改进安全装置时。

（2）图省事、走捷径的心理：对熟悉的机器，会有意省掉某些程序而误入危险区。

（3）信息沟通不良而误入危险区。

（4）单调的操作使操作者疲劳而误入危险区。

（5）由于身体或环境的影响造成视觉或听觉失误而误入危险区。

（6）错误的思维和记忆，尤其是对机器及操作不熟悉的新工人容易误入危险区。

（7）指挥者错误指挥，操作者未能抵制而误入危险区。

（8）异常状态及其他条件下的失误。

二、物的不安全状态

（1）旋转的机件具有将人体或物体从外部卷入的危险；机床的卡盘、钻头、铣刀等，传动部件和旋转轴的突出部分有钩挂衣袖、裤腿、长发等而将人卷入的危险；风翅、叶轮有绞碾的危险；相对接触而旋转的滚筒有使人被卷入的危险。

（2）旋转部位楔子、销子突出，没加防护罩，易绞缠人体。飞出的装夹具或机械部件、飞出的切屑或工件、砂轮碎片等会伤人。

（3）作直线往复运动的部位存在着撞伤和挤伤的危险。冲压、剪切、压等机械的模具、锤头、刀口等部位存在着撞压、剪切的危险。

（4）切削刀具与刀刃，突出较长的机械部分，毛坯、工具和设备边缘锋利飞边及表面粗糙部分。

（5）机械的摇摆部位存在着撞击的危险。

（6）防护保险装置、防护栏、保护盖不全或维修不及时，造成绞伤、碾伤。

（7）机械的控制点、操纵点、检查点、取样点、送料过程等也都存在着不同的潜在危险因素。

（8）木工作业中当用手推压木料送进时，往往由于遇到节疤、弯曲或其他缺陷，而使手与刀刃接触，造成伤害。

三、作业环境不良

（1）木工作业在切削过程中噪声大、振动大。

（2）采光照明不良、无通风、场地狭窄、布局不合理等。

（3）气温过高或过低。

四、安全管理缺陷。

（1）安全操作规程和规章制度不健全。

（2）安全教育和业务技术培训、考核落实不到位。

（3）事故应急预案及响应缺陷。

（4）未按规定进行安全检查或巡回检查落实不到位。

第三节　预防机械伤害的安全知识和作业要求

有效消除或控制设备、设施、作业环境的不安全因素和人的不安全行为，改善机械设备操作的不安全状况，加强从业人员的人身保护，避免或减少机械伤害事故的发生。

一、安全知识

（一）一般安全常识

（1）未经授权许可，任何人不得拆除设备的安全装置或对安全装置进行改造。

（2）严禁动用未经授权许可操作的设备。

（3）严禁随意更改设备的参数，以免影响安全操作。

（4）作业前穿戴好相应的个人防护用品，着装要"三紧"：领口紧，袖口紧，下摆紧。

（5）设备的危险处所、不安全因素的部件，需要设置安全标志及明显的指示牌。

（6）不得用手或身体任何部位接触运转中设备的运动部件。

（7）2 m 以下的齿轮、三角带、联轴器均需设置安全护罩并妥加维护。

（8）有联锁装置的防护门在联锁失效后严禁操作。

（9）需要打开或卸下安全装置时，应有显示危险的标志，防止设备被意外启动。

（二）操作安全规定

（1）操作者须经相关安全培训，充分了解设备的安全性能及操作规范；严禁未经安全培训便上岗作业。

（2）每日作业前应对设备进行点检，严禁设备带故障运行。

（3）开机前应检查是否有维修人员在维修，输送带上是否有杂物。

（4）开机前禁止将各种工具、工件材料放在设备台面上，防止对象坠落伤人。

（5）操作车床、铣床等设备，操作者应佩戴防护眼镜；禁止徒手清理铁屑等杂物。

（6）操作旋转设备，严禁戴手套、穿宽松的衣服，长头发必须用头巾包好。

（7）清理、维护、维修设备时，必须在停机后进行。

（8）设备运行中，禁止身体任何部位靠近、接触设备运动或旋转部件。

（9）禁止伸手越过转动的部件或工件进行操作、调整。

（10）操作机床时，在旋转刀具（钻头、丝攻、铣刀等）未完全停止转动前，不得用手接触刀具或使用工具制动。

（11）操作设备时发现任何异常状态应立即停机，报告主管或请设备维修人员进行检查；严禁操作人员私自维修设备。

（12）设备长时间不用时，必须使机器各部件设定归为零位，并切断电源、气源、水源。

（三）特殊安全规定

防止机械伤害的"一禁、二必须、三定、四不准"的安全规定：

（1）不懂电器和机械的人员严禁使用和摆弄机电设备。

（2）机电设备应完好，必须有可靠有效的安全防护装置。

（3）机电设备停电、停工休息时必须拉闸关机，电箱按要求上锁。

（4）机电设备应做到定人操作、定人保养、检查。

（5）机电设备应做到定机管理、定期保养。

（6）机电设备应做到定岗位、定岗位职责。

（7）机电设备不准带病运转。

（8）机电设备不准超负荷运转。

（9）机电设备不准在运转时进行维修保养。

（10）机电设备运行时，操作人员不准将头、手、身伸入运转的机械行程范围内。

二、作业安全要求

（一）停机维修时作业要求

（1）机械维修人员必须经相关专业培训并取得维修资格后才能进行维修作业。

（2）维修机械时，必须停机，切断设备的动力源（电、气、水）后并挂标示牌（如"设备维修中，禁止启动"）。

（3）进入设备内维修时必须作好相关防护，并要派专人看护。

（4）对机械设备进行保养时（如清洁、加油等），必须停机并切断电源。

（5）维修人员在高处（2 m 以上）作业时，应戴安全帽、系安全带。

（6）进行维修作业时，对设备中松动和仍能自由移动的部件加以固定。

（7）进行维修作业时，应防止维修部位因受到外力而突然运动。

（二）切削剪压加工作业要求

1. 车床作业

（1）转动的夹具部分不得突出过长，以防转动伤人。

（2）在开反车时应预先检查卡盘保险装置是否上好后，方准使用。

（3）拆卸卡盘时应用撬棍撬松卡盘主轴螺栓，不准用倒车或用棒顶，以防卡盘脱落。

（4）在加工长度超过床身的工作物时，一定要有安全防护措施，防止甩弯伤人和损坏机床。

（5）利用正向卡盘夹持工作物时，其直径不得大于卡盘直径的三分之二。

（6）使用顶针顶工作物时，顶针孔大小要适合。旋笨重工件时，顶针伸出量不得大于三分之一，旋一般工件时不得大于二分之一。

（7）车床运转中，不能隔着机床取物件、传递物品和清除切屑。切断工作物时，不要正对切口站立。

（8）加工偏心工作物时要加平衡铁。切削铸铁、铸铜毛坯突出部分要先用手盘车试转。在切削中发现砂眼时要减少切削量，防止打刀伤人。

（9）在加工内孔时，严禁未停车便将手伸到孔内试摸工作物或将头部靠近转动部分看切削内扎情况。

2. 刨床、插床作业

（1）在刨床最大行程内不准堆放任何物品。其尾部伸缩部分，应根据其长度安设防护挡杆。龙门刨床前后行程碰板必须牢固。严禁在行程内探头检查工件和站立。

（2）双刀架刨床两侧必须设闭车装置。在走刀时，要注意车刀与工件之间的空隙，防止碰撞工作物凸出部分。在停车后，必须将滑枕退回工作件后端，再卸工件。

（3）刨刀不宜装得过长。行程长度及吃刀量未校正前不得吃力，校正后必须拧紧螺栓，方可开车。禁止超冲程使用。

（4）插床插内孔时，禁止不停车将手伸到孔内试摸或将头部靠近运动部位看切削内孔。

3. 钻床作业

（1）工作物必须卡紧、卡牢，不得用手扶持进行钻孔，以防转动伤人。

（2）安装钻头时应选择适当的钻头、外套。禁止在任何转速下用手拧紧钻套或更换钻头。

（3）较重或长大的工作物，应附以卡具、支架等加以紧固，必要时可用人力挡扶。

（4）使用手提式风钻、电钻前，应首先检查确认钻机的外壳、手把、开关、电源线、给风软管等技术状态和绝缘是否良好。操作时的站立位置要适当，钻孔高度不得超过工作者肩部，不得用力过猛。在钻机尚未停止转动时，严禁接触钻头、钻夹头或钻套。严禁用手清除钻头上的碎屑。中断作业时，应立即切断电源、风源。

4. 铣床、镗床、磨床作业

（1）在铣刀上部及砂轮对着人的方向，应加装防护罩。

（2）安装铣刀及砂轮时，应检查确认无裂纹及其工作面良好。砂轮线速度应在符合磨床转速要求后方可安装，安装后要检查其牢固状态及同心度。

（3）工作中严禁对着砂轮站立，应将头部和身子站在砂轮回转方向的侧面。严禁将冷却液浇在砂轮片上，以免砂轮冷却而崩裂。

（4）镗床刀具伸出不得过长，运转中头部不得接近锉杆，严禁用手扶镗杆作业。

5. 剪、冲、压机床作业

（1）使用剪冲机时，要随时注意冲模剪口起落及工件移动，防止剪压划伤。剪切冲压完的工件必须在剪刀张开或冲压头抬起停稳后方准移动。

（2）剪冲机械须有防止伤害的防护装置。

（3）使用摩擦压力机时，安装或更换模具要切断电源，手柄放于空位。往模具内取送料时要用工具敏捷取放。不得直接用手取送料。操纵手把应掌握准确，行程不得过高。

（4）维修人员在高处（2 m 以上）作业时，应戴安全帽、系安全带。

（5）维修作业时，对设备中松动和仍能自由移动的部件加以固定。

（6）维修作业时，应防止维修部位受到外力而突然运动。

（三）切削剪压加工作业要求

1. 车床作业

（1）转动的夹具部分不得突出过长，以防转动伤人。

（2）在开反车时应预先检查卡盘保险装置是否上好后，方准使用。

（3）拆卸卡盘时应用撬棍撬松卡盘主轴螺栓，不准用倒车或用棒顶，以防卡盘脱落。

（4）在加工长的工作物超过床身时，一定要有安全防护措施，防止甩弯伤人和损坏机床。

（5）利用正向卡盘夹持工作物时，其直径不得大于卡盘直径的三分之二。

（6）使用顶针顶工作物时，顶针孔大小要适合。旋笨重工件时，顶针伸出量不得大于三分之一，旋一般工件不得大于二分之一。

（7）车床运转中，不能隔着机床取物件、传递物品和清除切屑。切断工作物时，不要正对切口站立。

（8）加工偏心工作物时要加平衡铁。切削铸铁、铸铜毛坯突出部分要先用手盘车试转。在切削中发现砂眼时要减少切削量，防止打刀伤人。

（9）在加工内孔时，严禁不停车便将手伸到孔内试摸工作物或将头部靠近转动部分看切削内孔情况。

2. 刨床、插床作业

（1）在刨床最大行程内不准堆放任何物品。其尾部伸缩部分，应根据其长度安设防护挡杆。龙门刨床前后行程碰板必须牢固。严禁在行程内探头检查工件和站立。

（2）双刀架刨床两侧必须设闭车装置。在走刀时，要注意车刀与工件之间的空隙，防止碰撞工作物凸出部分。在停车后，必须将滑枕退回工作件后端，再卸工件。

（3）刨刀不宜装得过长。行程长度及吃刀量未校正前不得吃刀，校正两人作业时，必须密切联系与呼唤应答，动作要协调。

3. 轮轴加工专用机床作业

（1）用立式旋床旋修笨重工件时，必须检查吊运工具，确认状态良好并挂牢。在吊运中要稳起稳落。工件找正时不得高速操作。更换刀具须停车进行。

（2）向机床上装卸轮轴时，应注意吊车吊钩与机床油压千斤顶对正平衡的放置位置，防止吊装放置不当产生轮轴下。旋下的铁屑，要随时清理，防止割伤后脚。

（3）用轮轴压力机装退轮对时，要首先检查、确认压力机、吊具、卡具及各部螺栓、链、环等技术状态良好。在吊放轮对、车轴、车轮时，应注意稳起稳落，与司机做好联系及呼唤应答。

（4）轮轴压力机应按期检修。安全阀、压力表要按期检查校对，保持性能良好，并应标明检查校对日期。对吊具及马蹄铁每月应做一次探伤检查。

4. 机械（工具）钳工作业

（1）使用钳工工作台铲削工作物时，虎钳不得有油，工件要夹紧。铲削时，对面若有人作业，要加防护网。铲削工具要良好。铲削到最后时用力要轻。

（2）修理机械必须停车卸负荷后方可进行。修理转动部分必须切断电源。修理带压力的容器必须先排除压力。拆装有弹簧压力的机具叫要做好防护。试验风动工具前各组合部分应组装牢固，缓慢开风。风锤、风铲不可对空。对人进行试验。试验风镐时，人员不得在镐顶盖的上方。

（3）拆装、检修较大机件时，所用吊具必须符合所吊工件的负荷。需多人作业时，事先研究好防护办法，指定一人指挥，工作中做好呼唤应答。

（4）拆装易倒、易落配件应有人防护，离开工作地时，应将配件安放稳妥。

（5）检修氧气表、乙炔表时，禁止用油压试验。

（6）分解组装车辆上的配件时，必须密切注意其连接情况，在没有螺栓固定、支架垫妥或其他有效防护措施的情况下，严禁拆卸，以防止倾倒落下。组装需要吻合对孔的配件，严禁用手指摸探孔槽，必要时要用工具拨动。

（7）各种锤、铲、锉、冲、斧等手动工具的材质硬度要适中，表面需平整，无卷边、缺损、裂纹。把柄需用硬木制作，要平滑，无裂纹，不松动。锤柄应装有金属防脱楔子（不得用铁钉代替）。活动扳手、管钳子不准加装套管，不准用二个扳手咬合使用或用扳手代替手锤使用。挥抡大锤时不准戴手套，在打击第一锤前，应注意周围环境，确认安全状态。一切工具、材料不得抛掷传递，不得放在车顶、机械转动部位和边缘处所。

5. 砂轮机的使用安全

（1）砂轮机必须由专人负责保管、监督，要经常检查保养，保持其良好状态。

（2）使用砂轮机的人员，必须熟知砂轮机操作安全知识，佩戴防护眼镜。

（3）使用前，必须先检查砂轮有无裂损，防护罩是否牢固，研磨台间距是否在 3 mm 以内，然后启动试运转，确认全部良好后方可使用。

（4）砂轮机在使用中应做到：

① 不准用砂轮侧面研磨，不准一个砂轮由两人同时研磨。

② 砂轮磨耗接近夹盘时不准继续使用。

③ 过大工件不准在固定式砂轮上研磨。过小工件不准手持研磨，应用手钳夹牢作业。

④ 砂轮机开动后，身体应站立在侧面，头部要躲开，工件放置研磨台上，轻轻推动，严禁用工件撞击砂轮。

⑤ 凡使用手动砂轮机（包括风动、电动）除需做好以上各点外，必须做到：使用砂轮机时，要戴好绝缘手套，脚下设有绝缘垫板。使用风动砂轮机时要徐徐开启风门。作业中要选好研磨操作位置，防止砂轮崩裂伤人的情况出现。二是手动砂轮机使用或作业暂时停止时，不得将砂轮机随意乱放，应放在不潮湿、不冷冻、不碰撞的处所。

（四）铁路专用设备作业要求

1. 架落车作业

（1）各种架落车用的机具及其附属配件、吊具、吊索等都必须订立检查制度，要做好记录备查。

（2）架落车作业前，应对架车机具、负重量及基地状态进行技术检查。镐铁马的顶部应放置不超过两块的防滑木垫，并在车辆的另一端打好上轮器。

（3）有下列情况之一者严禁架车：

① 装载液体的罐车。

② 不是装载均衡货物的重车。

③ 非指定可架重车的地面。

④ 库外遇有大风雨时。

⑤ 车顶、车内、车下有人时（不包括架车人员）。

⑥ 固定架车器的镐顶与窄车体的侧梁搭载量 100 mm 时。

⑦ 少于 3 名作业人员时。

（4）架车作业时，要鸣笛警告，缓慢启动塞门把手，严禁猛起急落和两端同时起落。车体架起后，应立即插好固定架车器圆销或架好铁马，保持车体平稳，注意车辆动态（固定架车器圆销应进行每月探伤检查）。

（5）架落车时，禁止手扶心盘销，必要时必须在两侧旁承上垫 200 mm 以上厚度的硬木防护垫方准进行。在任何情况下不准将头和身体探入枕梁与摇枕之间。

（6）车体架起后，必须支好铁马再将转向架推出，落车时，必须在将转向架心落到车体下部后，方可撤除铁马；推动转向架时，头和手不得超过轮缘高度。

（7）架车作业人员应于架妥垫稳后，进行安全检查，关闭给风塞门或电源，收拾好电线、工具后，方可离开。

（8）使用桥式起重机架落车时，还必须遵守天车作业安全的相关规定。

2. 转向架检修作业

（1）分解、组装转向架，应根据不同型号的转向架按各自的作业顺序进行，严禁对一切零配件、工具抛、掷。

（2）侧架、均衡梁、拱板、摇枕、成组弹簧，在分解、组装时，应使用吊挂牢靠、作用灵便的专用机具或天车，由两人以上操作，做到：步调一致，用力均衡，呼唤应答，放稳落实。

（3）使用活动工作台作业时，要加强联系，防止误动。走行轨道要保持平稳畅通，防止颠翻。采用地下流水线时应有报警装置或设人看护。

（4）使用天车、圈臂吊、平衡吊吊送配件时，要有专人指挥，吊具要牢靠，动作要稳，严禁在吊起的工作下方进行任何作业。

（5）分解组装各部螺栓，要选用合适的扳手。使用电动工具时，精力要集中。更换套桶时，双手要紧握其中部。使用螺栓防翻卡子时，要停机安放，防止挤手或滑落砸脚。

3. 车钩缓冲装置的检修作业

（1）分解、组装车钩缓冲装置，应使用工具，严禁直接落地。在没有拧妥前后托板螺栓的情况下，必须要有架起的车钩顶镐。

（2）分解组装钩舌时，必须两腿分开，将钩舌贴胸拢抱，钩舌入位后立即穿上钩舌圆销。拆卸钩舌销时，注意在提开钩锁后防止钩舌落下砸脚。

（3）遇有车钩及车钩尾框不能自然落下时，应使用工具压缩缓冲器弹簧，不得打入铁楔。

（4）分解检修各型缓冲器时，要安装好防护装置，否则容易敲打、震动。卸下缓冲器时应检查弹簧压缩状态。往下溜放缓冲器时，滑梯要勾牢，禁止用人力抬搬。

（5）使用电、风动扳手装、卸托板螺母时，要遵照操作过程调整好倒、顺位置，严禁用手扶防转卡具。

4. 制动装置检修作业

（1）拆装、检修各阀门、仪表及管理其他配件时，必须切断风源，排净余风，然后才能作业。作业结束后要恢复开通位置。

（2）分解组装制动缸、副风缸应使用专用工具，由两人操作，做到呼唤应答。分解制动盖螺母前，要在活塞杆上套好安全圈，插上安全销，头部要偏离活塞杆伸出方向。

（3）吹扫各种储风缸、制动管，其风压不得超过 0.2 MPa。开放折角塞门吹尘时应紧握制动软管连接器。

（4）使用单车试验器时，每次试验前都要大声呼唤或鸣笛确认车下无人后方可进行。车体未落妥前禁止施行单车试验。试验结束，要全面排风。

因故暂时离开，要关闭截断塞门。

（5）登高检修手制动机前，要先检查扶手、脚踏板、制动台的安装螺栓是否牢固，工具配件要摆放好，防止坠落伤人。

（6）分解制动软管要卡紧。试压时管堵要安装正位，进风要缓慢，风、水压力不得超过规定，要在无压力的情况下处理故障。

（7）四门研磨机要由熟练的工人操作，装卸塞门时要先打开离合器。分解三通阀时要卡紧，拆卸的配件要摆放好，禁止在研磨机上敲击震动。检查研磨质量时要先打开离合器。严禁两人同在一台三通阀上进行作业。

第四节　事故案例分析

（一）事故概况

2012年7月24日8时50分，上海铁路局徐州铁路车辆配件厂铸造车间的1名操作工，在操作开式双柱可倾压力机冲压闸瓦瓦背作业时，直接用左手到模具内去取冲件，由于未使用专用工具操作、冲床未断电、其右脚未脱离脚踏开关（离合器）踏面，致使冲床冲头从正上方落下，将该操作工左手压在模腔内，左手严重受伤，构成责任重伤事故。

（二）事故原因

违规操作设备。该操作工在未取得设备操作证的情况下，盲目违规操作双柱可倾压力机，在冲压闸瓦瓦背作业时，未使用专用工具，不按操作程序，直接用左手取拿冲好的瓦背，其行为违反《冲床压力机安全技术操作规程》第6条"使用冲床压力机更换压模时，要切断电源并将手把置于空位。往模内送料时，要使用工具敏捷取放，不得用手取送。操纵手柄时应掌握准确，手脚动作协调一致。"的操作规定，是造成事故的主要原因。

（三）事故教训

（1）承包企业安全管理失控。承包企业没有认真履行《承包经营合同》第4条"承包方严格执行各项规章制度，坚决落实安全制度、工前落实安全措施"等规定，日常安全管理松懈，现场作业控制不严，生产经营安全管理失控。

（2）作业人员安全意识淡薄。承包单位对作业人员的安全规章制度的教育培训不到位，作业人员掌握安全操作规程和安全卡控措施不全面。

（3）日常安全监管不到位。徐州铁路车辆配件厂对承包单位的安全生产监督管理不严格，未能建立监管考核机制。

复习思考题

1．什么是机械伤害？

2．铁路通用机械种类有哪些？

3．机械伤害的主要类型有哪些？

4．造成机械伤害的主要原因有哪些？

5．操作切削机械设备的人员的穿戴工作服有何要求？

6．机电设备"一禁、二必须、三定、四不准"的主要内容是什么？

7．铁路专用设备作业主要有哪几种？

8．列举6种操作失误的不安全行为。

9．作业环境不良主要有哪些因素？

10．在架落车作业时哪些情况下严禁架车？

第十章　消防安全

火的发明应用造福于人类，推动了社会的进步和发展，但是由于用火不慎给人类生产、生活带来巨大的灾难，一把大火，往往使人们辛勤劳动创造的财富顷刻间就被无情地化成了灰烬，甚至毁灭整个工厂、整趟列车、整个城市等。

第一节　消防安全知识

火灾本身就是一种燃烧现象，燃烧不但会产生巨大的热量，而且生成气体、蒸汽、固体物质和浓烟。在燃烧过程中有些物质是有毒有害的，对人体具有刺激、麻醉、窒息的作用，直接威胁着人们的生命安全。通过发生的火灾死亡事故来看，大多不是直接烧死的，而是因为浓烟熏死的，即窒息死亡。因此，人们必须要懂得和掌握火焰燃烧和火灾扑救的相关知识。

一、火灾的概念

"火灾"是在时间和空间上失去控制，对财物和人身造成一定损害的燃烧现象。燃烧是可燃物与氧化剂作用发生的放热反应。物质燃烧之后发生了变化，生成与原来不同的物质，燃烧还伴有放热、发光和发烟的现象。放热，是存在于物质中的化学能，在物质燃烧时一部分变成热能；发光，是人们用肉眼能观察到的光亮，由于物质的化学组成不同，以及所处环境不同，有些物质燃烧时的光较弱不易被观察到，而多数可燃物质燃烧时火焰发生光亮，且带有不同的烟熏现象；发烟，是燃烧产物悬浮在空气中的微小的颗粒群。

二、火灾的特性

（一）普遍性

普遍性是指火灾不论在哪个地区，不论在什么单位和部位，都会发生。

火灾不限于发生在火灾危险性较大的单位和场所，从居民住宅到一般的大小单位（也包括公共场所）都是有可能发生的。

（二）随机性

随机性是指随时、随地都可能会发生火灾。人们无法事先确定何时、何地、何场所将会发生。同时，也无法判断火灾的规模程度大小，具有一定的不可预测性。

（三）必然性

必然性是指在放松警惕、没有任何预防的情况下，它的发生是必然的，只要具备了起火条件，火灾的发生便是确定无疑的。

三、火灾燃烧的要素

发生火灾必须同时具备可燃物、氧化剂和引火源三个要素。

（一）可燃物

（1）气体、液体和固体物质。凡是在标准状况下能够在空气（氧）或其他氧化剂中燃烧的物质，一般都称为可燃物。少部分无机物和绝大部分有机物都是能够燃烧的。

（2）常见的有机物有天然气、液化石油气、汽油、煤油、煤、木材、塑料、橡胶、棉花、麻、化学纤维等。

（二）氧化剂

氧化剂是指与可燃物相结合导致燃烧的物质，俗称助燃物。可燃物燃烧必须与氧化剂发生反应，否则燃烧不能发生。氧化剂主要是空气、氧气、氯气、硝酸等。

（三）引火源

引火源是指能够使可燃物与氧化剂发生燃烧反应的能量来源。引火源常见的是热能，还有其他如电能、化学能、光能及机械能等。这些"能"多以热能表现出来。

常见的引火源主要有：

（1）"明火"是比较强的热源，它能点燃任何可燃物质。因为火焰的温度约在 700~2 000 ℃，高于一般可燃物质的自燃点。

（2）"火星"是在铁与铁、铁与石、石与石之间强力摩擦、碰撞时产生的高温渣粒，或者是从烟囱中飞出来的、施焊作业中溅出来的高温渣粒。这种火星的温度高达 1 200 ℃，虽然热量不大，但可以引燃可燃气体和液体蒸气，也可以引燃某些固体物质，如棉花、干草、锯末等松软物质。

（3）"电弧"和"电火花"是两极间放电产生的火花，或者是电击产生的"电弧光"，还有静电释放的电火花，由于这种引火源普遍存在于生活、生产之中，所以是易于被人们忽视的危险的引火源。

（4）"化学反应热"和"生物热"，即由于化学变化或生物作用产生的热能，这种热能如不及时散发掉，就有可能引发火灾或者爆炸事故。

四、火灾事故类型

（一）按火灾损害的程度分类

按照一次火灾事故所造成的人员伤亡、受灾户数和财物损失金额划分，可把火灾分为以下 3 个等级：

（1）特大火灾：死亡 10 人以上；重伤 20 人以上；死亡、重伤 20 人以上；受灾户 50 户以上；烧毁财物损失 100 万元以上。

（2）重大火灾：死亡 3 人以上；重伤 10 人以上；死亡、重伤 10 人以上；受灾户 30 户以上；烧毁财物损失 30 万元以上。

（3）一般火灾：不具有前两项情形的燃烧事故。

（二）按照物质及其燃烧特性划分

根据物质及其燃烧特性划分，可将火灾分为以下 4 种类型。这种分类表明了燃烧物质的种类属性和扑救火灾时应选择相应的灭火剂。

（1）A 类火灾，是指固体物质火灾，如木材、棉、毛、麻、纸张、塑料制品、化学纤维等火灾。

（2）B 类火灾，是指液体和可熔化固体物质的火灾，如汽油、柴油、酒精、植物油、变压器油、各种溶剂、沥青、石蜡等火灾。

（3）C 类火灾，是指气体火灾，如煤气、天然气、氢气、沼气、氨气、一氧化碳等火灾。

（4）D 类火灾，是指金属火灾，如钾、钠、铝、镁、铝合金等火灾。

第二节　火灾危险辨识

火灾危险是指消防系统中存在可能造成人员伤害、财产损失、作业环境破坏或其他损失的根源或状态，如危险环境、危险条件、危险状态、危险物质、危险场所、危险人员、危险因素等。火灾隐患泛指人的不安全行为，设施设备、机具、环境和物料的不安全状态，以及管理缺陷。

造成火灾的原因很多，究其根本原因大致可分为：电气隐患、物料隐患、生活用火隐患、吸烟隐患、违背安全规定隐患等。

一、电气隐患

电气火灾隐患包括违反电气安装与使用规定以及伪劣电气产品；露天安装的电气设备（如发动机、闸刀。开关、电灯等）淋雨进水，使绝缘受损；一些电气设备，如变压器、电动机、电容器、导线及接头等在运行中发热使温度升高；使用电炉、大灯泡取暖；电气线路短路、超负荷运行、导线接触电阻过大；电气线路导线裸露或绝缘破损，相线与相线、相线与零线或大地在电阻很小或没有通过负载的情况下相碰，产生的电流突然大量增加或乱拉乱接电线，不按使用要求随意加大负荷，电线绝缘老化，不按时更换电线，忘记断电造成长时间通电等。

二、物料隐患

物料隐患包括易燃易爆化学危险物品自燃，以及煤、稻草麦秸、涂油物、鱼粉等自燃引起的火灾。因能自燃的物质较少，范围窄，但在日常工作中和生活中仍要注意防范。

三、生活用火隐患

生活用火不慎是指生活或涉及生活的用火，包括炉灶（炉具）设置、使用不当，余火复燃，明火照明、生火取暖、熏蚊不当，在火灾事故中一直占有较大比例。

四、吸烟隐患

吸烟隐患包括吸烟入睡、醉酒吸烟、随地乱扔烟蒂、火柴梗以及在有爆炸危险场所违章吸烟等。在火灾事故中也占一定比例，也是引起火灾事故的重要原因。

五、违反安全规定

违反安全规定是指生产、储存、运输等作业过程中违反规章制度或操作规程所导致的不安全因素。例如违章动火、施焊切割、违章操作等引起的火灾，也占到火灾事故的一定比例。

第三节　灭火和逃生技能

火灾事故警示我们，在起火初期的十几分钟，是扑灭火灾的关键时段。因此，应急处置必须要把握好两点：一是使用现场灭火器材及时扑救；二是要立即报火警。不管火势大小，要立即报警，报警早、损失小。

一、灭火的基本原理

灭火的基本原理就是在发生火灾后，通过采取一定的措施，把维持燃烧所必须具备的条件之一予以消除，使其不能继续进行，火就会熄灭。因此，采取降低着火系统温度、断绝可燃物、稀释空气中的氧浓度、抑制着火区内的链式反应等措施，都可达到灭火的目的。

二、灭火的基本方法

1. 火灾报警方法

发生火灾时，首先要拨打"119"火警电话，及时准确地报警是火灾施救的关键。

（1）火警电话接通后，应讲清着火单位，所在区县、街道、门牌号码或乡村的详细地址。

（2）要讲清什么东西着火，起火部位，燃烧物质和燃烧情况，火势如何。

（3）报警人要讲清自己的姓名、工作单位和电话号码。

（4）报警后要有专人在街道路口等候消防车的到来，引导消防车去往火灾现场，以便迅速、准确地到达起火地点。

2. 冷却灭火法

根据可燃物质发生燃烧时必须达到一定温度这个条件，将灭火剂直接喷洒在燃烧着的物体上，使可燃物质的温度降到燃点以下，可使其停止燃烧。

3. 窒息灭火法

根据可燃物质燃烧需要足够的助燃物质（空气、氧）这一条件，采取阻止空气进入燃烧区的措施，或通过断绝氧气而使燃烧物质熄灭。为将火灾熄灭，需将水蒸气、二氧化碳等惰性气体引入着火区，以稀释着火空间含氧浓度。当着火区空间氧浓度低于12%，或水蒸气浓度高于35%，或二氧化碳浓度在30%~35%时，燃烧一般都会熄灭。若可燃物本身含有化学氧化剂物质，是不能采用窒息灭火法灭火的。

4. 隔离灭火法

根据发生燃烧必须具备可燃物质这一条件，将燃烧物质与附近的可燃物隔离或疏散，中断可燃物的供应，使燃烧停止。

5. 化学抑制灭火法

使灭火剂参与到燃烧反应中去，起到抑制反应的作用。具体而言就是使燃烧反应中产生的自由基与灭火剂相结合，形成稳定分子或低活性的自由基，从而切断了自由基的连锁反应链，使燃烧停止。

三、常用灭火器的类型

刚起火十几分钟的初期阶段利用灭火器材及时扑救是最有效的手段。

按充装灭火剂的种类不同，常用灭火器有水型、空气泡沫型、干粉型、卤代烷型、二氧化碳型、7150型等灭火器具。

（1）储压式干粉灭火器。使用灭火器时注意，先使灭火器上下颠倒并摇晃几下，使内部干粉松动并与压缩气体充分混合。然后摆正灭火器，拔出手压柄和固定柄（提把）间的保险销，右手握住灭火器喷射管，左手用力压下并握紧两个手柄，使灭必器开启。待干粉射流喷出后，右手根据火灾情况。上下左右摆动，将干粉喷于火焰根部即可灭火。

（2）外储气瓶式干粉灭火器。该灭火器主要由二氧化碳钢瓶、筒身、出粉管及喷嘴组成。使用时用力向上提起储气钢瓶点部的并肩提环，随后右手迅速握住喷管，左手提起灭火器，通过移动和喷嘴摆动，将干粉射流喷于火焰根部即可灭火。

（3）水是最常用的灭火剂，木头、纸张、棉布等起火，可以直接用水扑灭。

四、火灾现场逃生方法

火场逃生是避免伤亡事故的关键环节。在火灾发生时，一定要想方设法进行逃生。人们在同火灾作斗争的同时，总结出了火场逃生的十五种方法，有效掌握对于顺利逃出火海，减少伤亡具重要作用。

1. 逃生预演，临危不乱

每个人对自己工作、学习或居住所在的建筑物结构及逃生路径要做到心中有数，必要时可按逃生路线图进行消防训练。

2. 熟悉环境，暗记出口

处于陌生环境，如入住酒店、商场购物、进入娱乐场所时，务必留心疏散通道、安全出口及楼梯方位等，以便关键时刻能尽快逃离现场。

3. 保持镇静，明辨方向

保持冷静，不要盲目出逃。要了解自己所处的环境位置，及时掌握当时火势的大小和蔓延方向，然后根据情况选择逃生方法和逃生路线。

4. 迅速撤离，不贪财物

逃生时不要为穿衣服或寻找贵重物品而浪费时间，也不要为了带走自己的物品而身负重压影响逃离速度，更不要贪财，本已逃离而又重返火海。

5. 简易防护，匍匐前进

逃生时经过充满烟雾的路线，可采用毛巾、口罩蒙鼻，匍匐撤离的办法，开门窗前用手探查门窗温度以防烫伤；穿过烟火封锁区时，可向头部、身上浇冷水或用湿毛巾、湿棉被、湿毯子等将头、身裹好，再冲出去。

6. 胆大心细，善用通道

发生火灾时，除可以利用楼梯，还可以利用建筑物的阳台、窗台、天台屋顶等攀到周围的安全地点，再沿着落水管、避雷线等滑下楼脱险。

7. 高楼火灾，忌乘电梯

逃生时，一般不要坐电梯（消防电梯要在救护人员的指挥下使用），应从安全出口逃生。其原因：一是火灾中，易断电而使电梯"卡壳"，给救援带来难度；二是电梯直通楼房各层，火场的浓烟易涌入电梯中形成"烟囱效应"。人在电梯里随时都有可能被浓烟毒气熏呛或窒息而死亡。

8. 巧妙逃生，滑绳自救

用绳子或把床单、被套撕成条状连成绳索，紧拴在窗框、暖气管、铁栏杆等固定物上，用毛巾、布条等保护手心，顺绳滑下或下到未着火的楼层脱离险境。

9. 堵塞门户，固守待援

若用手摸房门已感到烫手，说明大火已经封门，不能开门逃生。此时应关紧迎火的门窗，打开背火的门窗，用湿毛巾、湿布塞堵门缝或用水浸湿棉被蒙上门窗然后不停地用水淋透房门，防止烟火渗入，固守在房内，直到救援人员到达。

10. 缓晃轻抛，寻求援助

被烟火围困暂时无法逃离的人员，要立即返回室内，用打手电筒、挥舞衣物、呼叫等方式向窗外发出求救信号等待救援。

11. 走投无路，厕所避难

当远离烟火区已无可能，又无其他条件可利用时，应冲向浴室、卫生间等。这些房间既无可燃物，又有水源。进入后，应闭门堵缝，向门泼水，打开排气扇，打开背火的窗子等待救援。

12. 身上着火，切勿惊跑

如果身上着火应及时脱去衣服或通过就地打滚进行灭火，也可向身上浇水，用湿棉被、湿衣物等把身上的火包起来，使火熄灭。

13. 辨明情况，低层跳离

火场上切勿轻易跳楼，在万不得已的情况下，住在低楼层（一般 2 层以下）的居民可采取跳楼的方法进行逃生，但首先要根据周围地形选择高度差较小的地面作为落地点，然后将席梦思床垫、沙发垫、厚棉被等抛下做缓冲物，并使身体重心尽量放低。做好准备以后再跳。

14. 互相帮助，利人利己

要发扬互助精神，帮助老人、小孩、病人优先疏散。对行动不便者可用被子、毛毯等包扎好，用绳子布条等吊下。逃生过程中如看见前面的人倒下，应立即扶起，对拥挤的人应给予疏导或选择其他疏散方法予以分流，减轻单一疏散通道的压力，竭尽全力保持疏散通道畅通，以最大限度减少人员伤亡。

15. 既已逃出，不要回头

一旦逃离危险区，受灾者就必须留在安全区域并及时向救助人员反映火场情况，即使发现还有人没撤出来，也不能贸然返回。正确的做法是，由消防人员组织营救。

五、铁路火灾应急处置

（一）旅客列车火灾的成因

分析近几年发生的旅客列车火灾案例，主要由以下几方面的原因造成：

（1）旅客携带或在行李中夹带易燃、易爆及其他危险品上车。

（2）旅客和乘务人员吸烟，乱扔烟头引起火灾。

（3）车体电器设备线路短路、过载等引起火灾。

（4）客车附属设施不良、餐车人员操作失误引起的火灾等。

（5）锅炉、茶炉违章操作，缺水，超温，干烧等造成的火灾。

（6）餐车油垢清除不彻底引起的火灾。

（二）旅客列车火灾主要特点

1. 群死、群伤

一是旅客列车车厢内人员集中，火灾发生时易造成拥挤堵塞通道，无法及时疏散；二是燃烧产生的浓烟，大大降低了能见度；三是车体采用的高分子化合物材料，燃烧会产生一氧化碳、氨气、氧化亚氮、二氧化氮等有毒气体；四是车厢两侧玻璃打碎后，空气迅速进入燃烧区域，会使火势迅速蔓延。

2. 扑救难度大

一是旅客客车在运行中风速大，空气流通充分，容易在很短的时间内造成火势扩大；二是配备的 2 kg ABC 干粉灭火器数量有限（每车 4 只）；三是铁路沿线多数缺少消防水源和消防器材，公安消防部队赶到需要一定的时间。

3. 社会影响大

旅客列车是一个流动的小社会，旅客既有国内的，也有国外的，发生火灾后容易引起社会各方面的高度关注。

4. 经济损失大

每辆客车的价值几十万元甚至几百万元，再加上旅客的私人财产，其直接经济损失都非常大，间接经济损失则无法计算。

（三）旅客列车火灾应急处置

1. 立即停车

列车运行中发生火灾或爆炸事故时，构成火灾，爆炸事故时，应立即使用紧急制动阀，使列车停在安全地带。

2. 疏散旅客

列车发生火灾时，乘务员应迅速组织起火车厢旅客向邻近车厢或地面的安全地带疏散。

3. 迅速扑救

列车长、乘警应立即组织指挥义务消防队和其他列车工作人员集中列车上的消防设备进行扑救。

4. 切断火源

列车运行中发生电器设备冒烟起火时，要立即关闭电源开关或断开保险。在电气化区段，应立即通知电力部门将接触网停电，以便灭火。在电源未切断前任何人不得用水灭火。

5. 分离车辆

列车停妥后，虚将着火车辆与其他车辆尽快分离。

6. 设置防护

列车分离后，运转车长和机车乘务员要迅速设置防护。

7. 报告救援

列车长、运转车长和乘警要尽快向上级机关和行车调度报告事故情况，请求救援。同时应迅速向"119"报警。

8. 抢救伤员

发现有人员受伤时，要积极地实施现场抢救。同时应迅速向"120"求救。

9. 保护现场

在扑救火灾时，要注意保护好火灾现场，严禁无关人员进入。

10. 维持秩序

要采取多种形式做好宣传解释工作，稳定旅客情绪，防止发生混乱。

第四节　　事故案例分析

（一）事故概况

2012年5月15日1时40分，哈尔滨铁路局三棵树车辆段配属的哈尔滨—上海 K57/58 次客车车底（编组19辆），在哈尔滨客技站检修作业完毕，于库内 K4 道停留时，8号车厢（RW25G554538）9号包房内起火并发出"噼叭"响声，在8号包房休息的一名保洁员听到响声，拉开9号包房房门后火苗蹿出，立即拍打各包房房门和呼喊在包房内休息的人员，在该车休息的8名人员中有6人撤离火灾现场，3号包房休息的一名售货员在逃生过程中因窒息晕倒在7号餐车过道处，送医院抢救无效死亡，一名炊事员在3号包房内中毒窒息死亡。构成一般火灾事故。

（二）事故原因

1. 违规车上吸烟

K57/58 次列车的一名保洁员在8号车厢9号包房吸烟，将未熄灭的烟头遗留在35号铺上，引燃卧铺上的可燃物引起火灾，是造成事故的直接原因。

2. 班组管理混乱

保洁作业组违反铁道部《铁路客车停留存放消防安全管理规定》《哈尔滨铁路局旅客列车看车管理制度》和哈尔滨客运段"库内（折返站）看车作业管理办法"规定，当班睡觉、饮酒和擅离值守，导致作业过程和班组管理失控，保洁员违反规定吸烟，未熄灭的烟头引燃卧具而发生火灾，是造成事故的重要原因。

（三）事故教训

1．日常管理不严格

保洁车间 2012 年 1～4 月份没有按规定召开安全生产分析会，没有对保洁作业人员吸烟、串岗、离岗、无故旷工等严重"两违"等问题进行组织分析，并有针对性地制定整改措施，放松对作业班组的严格管理。

2．职能部门失察失管

哈尔滨客运段有关领导和安全、乘务、路风等职能科室，对一线班组日常管理和作业情况检查不到位，对关键部位、危险处所和重要时段的安全工作监管不力，导致职工现场作业惯性违章问题大量存在。

3．安全标准失之于宽

哈尔滨局客运处制定的《旅客列车看车管理制度》，对看车人员数量、巡视间隔时间、看车可否睡觉等规定，均宽手铁道部的规定和标准，不符合铁道部《铁路旅客运输管理规则》和《铁路客车停留存放消防安全管理规定》，在规章制度和作业标准方面，降低了标准，放松了要求。

4．应急处置不力

哈尔滨客运段没有制定库内停留客车车底火灾等突发事件的应急处置办法，日常没有组织库内保洁作业消防模拟演练，火灾发生时，没有有序组织撤离和及时有效灭火，致使火情扩大和出现人员伤亡。

复习思考题

1．火灾燃烧的有毒物质对人体会产生什么危害？

2．火灾的概念是什么？

3．发生火灾的要素有哪些？

4．火灾事故是如何分类的？

5．常见引火源有哪些？

6．何谓火灾危险？

7．何谓火灾隐患？

8．火灾危险隐患分为哪几类？

9．电气火灾危险隐患的表象有哪些？

10. 违反安全规定的火灾危险隐患表象有哪些?

11. 起火初期应急处置应把握的要点是什么?

12. 火灾的基本内容有哪些?

13. 灭火的基本方法有哪些?

14. 使用灭火器的基本要领有哪些?

15. 火场逃生的方法有哪些?

第十一章　预防中毒和窒息

目前世界上的有毒有害化学物多达 200 余万种，常用的近 7 万余种。在生产过程中从原材料到成品，每个环节都有可能接触到毒物。加强预防中毒和窒息的知识教育，提高职工防范意识，防止职业病和事故的发生，提高劳动生产率，促进铁路运输生产任务的完成有着重要的意义。

第一节　中毒和窒息事故类型

在工作生活中使用或接触有毒的物质使人体器官组织机能发生异常改变，使人体呼吸过程受阻，产生全身各器官组织缺氧，功能紊乱和形态结构损伤的病理状态称为中毒和窒息。

一、中毒的类型

生产性毒物按其致病作用可分为刺激性、窒息性、麻醉性、溶血性、致敏性、致癌性等毒物。根据接触毒物时间的长短，发病缓急中毒可分以下 3 种：

① 急性中毒。是指一次短时间的，如几秒乃至数小时经皮肤吸收或呼吸道的吸入，如经口腔，则指一次的摄入量或一次服用剂量过大引起的中毒。

② 慢性中毒。是指长时间地吸入、经皮肤侵入或经口摄入持续数月或数年引起的中毒。

③ 亚急性中毒。介于急性与慢性之间的，称为亚急性中毒。但要在急性、亚急性和慢性中毒之间划出一条截然分明的界限，有时也有困难。

二、窒息的类型

当有害物质浓度大于立即威胁生命或健康（IDLH）浓度或虽经通风但有毒气体浓度仍高于工作场所有害因素职业接触限制所规定的浓度要求（硫化氢 10 mg/m³）或缺氧时（低于 18%）容易发生窒息，窒息一般可分为以下两种。

（1）缺氧窒息：如作业环境中单纯性窒息性气体浓度增高，其含量大于84%时，会使氧气浓度降低，导致人因缺氧出现窒息症状，如头晕、头痛、呼吸困难、心跳加快，以至昏迷和死亡。

（2）中毒窒息：在呼吸过程中吸入化学性窒息性气体后，则会与人体内血红蛋白结合，抑制组织细胞色素氧化酶，影响氧在组织内的传递和代谢，导致组织缺氧，引起窒息。例如，硫化氢-氧化物在空气中浓度过高时，吸入后可使人呼吸停止，在极短时间内死亡。

第二节　中毒和窒息危险辨识

大多数毒害品遇水、遇酸或酸雾会分解并放出有毒的气体，有的气体还具有易燃和自燃的危险性。无机有毒物品中大都具有氧化性，与还原性强的物质接触，易引起燃烧爆炸，并产生毒性极强的气体。因此在生产运输过程中接触毒害品或在有毒有害场所作业存在一定的危害因素。根据铁道行业工作特点，铁路运输生产过程中相关中毒和窒息危险，主要体现在以下几个方面。

一、有毒物品的运输、装卸作业

有毒物品在运输途中由于各种机、泵和阀门等设备，出现跑、冒、滴、漏或辐射等危害因素，可使人在短时间内吸入高浓度或接触有毒物品，导致急性中毒。在装卸过程中人体可能接触有毒物品或因装卸过程中的冲击、振动和挤压使有毒物品散落，从而发生中毒危险。

二、有毒物品的储存保管作业

储存危险化学品受挥发或因生化反应、呼吸作用等，容易产生有毒有害气体聚集，一段时间后，会形成较高浓度的有毒有害气体。

三、在有毒有害场所作业

在铁路生产运输生产检修作业过程中或直接人工操作的场所，如加料、质量分析、取样、装桶、刷洗储油罐和槽车、毒品车等，均可能发生急性中毒事故，特别当操作环境特殊、防护措施不力的情况下，更易发生急性中毒事故。

四、在密闭、有限空间作业

有限空间是指封闭或部分封闭，进出口较为狭窄有限，自然通风不良，易造成有毒有害物质积聚或氧含量不足的空间，在密闭空间作业可能会造成缺氧窒息，硫化氢、一氧化碳等有害气体中毒等危害。

第三节　预防中毒和窒息的基本知识

为保护作业人员的生命安全、身体健康、有效预防、控制和消除中毒和窒息危害，生产经营单位应采取有效的预防措施，消除事故隐患。同时，作业人员应掌握预防中毒和窒息的基本知识。

一、毒害品的分类

毒害品的种类很多，按化学组成可分为无机毒害品和有机毒害品；按毒性大小可分为剧毒品和有毒品。把两个方面结合起来，即分为无机剧毒物品、有机剧毒物品、无机有毒物品和有机有毒物品 4 类。按国际上比较普遍采用的分类法，半数致死量分级法可分为剧毒、高毒、中毒、低毒、基本无毒和无毒 6 类。

（一）无机剧毒、有毒物品

（1）氰及其化合物，如 KCN、NaCN 等。
（2）砷及其化合物，如 As_2O_3 等。
（3）硒及其化合物，如 SeO_2 等。
（4）汞、锑、铍、氟、铯、铅、钡、磷、碲及其化合物。
有害气体积聚一段时间后，会形成较高浓度的有毒有害气体。

（二）有机剧毒、有毒物品

（1）卤代烃及其卤化物类，如氯乙醇、二氯甲烷等。
（2）有机金属化合物类，如二乙基汞、四乙基铅等。

173

（3）有机磷、硫、砷及腈、胺等偬合物类，如对硫磷、丁腈等。

（4）某些芳香环弋稠环及杂环化合物类，如硝基苯、糠醛等。

（5）天然有机毒品类，如鸦片、尼古丁等。

（6）其他有毒品，如硫酸二甲酯、正硅酸甲酯等。

二、铁路运输毒害品包装标志

铁路运输毒害品包装标志如表 11-1 所示。

表 11-1　危险货物包装标志表

标志号	标志名称	标志图形	对应的危险货物类项号
标志 6	有毒气体		2.3 对应《铁路危险货物品名表》第 2 类，第 3 项货物品名
标志 13	剧毒品		6.1 对应《铁路危险货物品名表》第 6 类，第 1 项一级毒性物质货物品名
标志 14	有毒品		6.1 对应《铁路危险货物品名表》第 6 类，第 1 项二级毒性物质货物品名
标志 17	一级放射物品		7 对应《铁路危险货物品名表》第 7 类，Ⅰ级放射性物质货物品名
标志 18	二级放射物品		7 对应《铁路危险货物品名表》第 7 类，Ⅱ级放射性物质货物品名
标志 19	三级放射物品		7 对应《铁路危险货物品名表》第 7 类，Ⅲ级放射性物质货物品名

三、铁路装运危险货物罐车罐体标识

（1）铁路装运危险货物的罐车罐体本体色应为银灰色；罐体两侧纵向中

部应涂刷一条宽 300 mm 表示货物主要特性的水平环形色带：红色表示易燃性，绿色表示氧化性，黄色表示毒性，黑色表示腐蚀性，如图 11-1 所示。

图 11-1　铁路装运易燃性罐车

（2）装运酸、碱类的罐体为金黄色，罐体两侧纵向中部应涂刷一条宽 300 mm 的黑色水平环形色带。装运黄磷的罐体为银灰色，罐体中部不涂打环形色带，罐体两端右中部喷涂 9、13 号危险货物标志图，如图 11-2 所示。

（3）环带上层 200 mm 宽涂蓝色，下层 100 mm 宽涂红色或黄色表示易燃气体或毒性气体。

（4）罐体两侧环形色带中部（有扶梯时在扶梯右侧）以分子、分母形式喷涂货物名称及其危险性，如苯易燃、有毒，并按规定在罐体两端头两侧色带。下方喷涂相应标志，如图 11-3 所示。

图 11-2

图 11-3

四、铁路有毒有害作业场所标识

（一）禁止标识

禁止标识如表 11-2 所示。

表 11-2　禁止标识

编号	名称及图形符号	标识种类	设置范围和地点
1	禁止入内	H	可能引起职业病危害的工作场所入口处或泄险区周边,如:高毒物品作业场所,放射工作场所等,或可能产生职业病危害的设备发生故障时,或维护、检修存在有毒物品的生产装置时,根据现场实际情况设置
2	禁止停留	H	在特殊情况下,对劳动者具有直接危害的作业场所
3	禁止启动	J	可能引起职业病危害的设备暂停使用或维修时,如设备检修、更换零件等,设置在该设备附近

（二）警告标识

警告标识如表 11-3 所示。

表 11-3　警告标识

序号	名称及图形符号	标识种类	设置范围和地点
1	当心中毒	H,J	使用有毒物品的作业场所
2	当心有毒气体	H,J	存在有毒气体的作业场所

（三）指令标识

指令标识如表11-4所示。

表 11-4　指令标识

序号	名称及图形符号	标识种类	设置范围和地点
1	戴防毒面具	H，J	可能产生职业中毒的作业场所
2	戴防尘口罩	H，J	粉尘浓度超过国家标准的作业场所
3	注意通风	H，J	存在有毒物品和粉尘等需要进行通风处理的作业场所

（四）警示线

警示线如表11-5所示。

表 11-5　警示线

序号	名称及图形符号	设置范围和地点
1	红色警示线	高毒物品作业场所、放射作业场所、紧临事故危害源周边
2	黄色警示线	一般有毒物品作业场所、紧临事故危害区域的周边
3	绿色警示线	事故现场院救援区域的周边

五、有毒有害场所作业中预防中毒的措施。

（1）当接触危险化学品时，不能吃、喝、吸烟及嚼口香糖。

（2）不要在化学物品区域或生产岗位存放食物及饮料。

（3）与危险化学品接触后，必须用肥皂洗手。

（4）避免皮肤及眼睛与危险化学品直接接触。

（5）绝对不能用裸手与危险化学品接触。

（6）如果发现有粉尘，必须立即戴防粉尘面具，面面的过滤器应该定期更换。

（7）定期更换脏衣服，危险化学区域所有的劳动防护用品要单独存放。

（8）熟悉掌握并遵守紧急救护的有关规定和步骤。

（9）不能一个人单独进行作业。

六、在密闭、有限空间作业要预防中毒和窒息措施

（1）通风换气如图 11-4 所示。

图 11-4　在密闭、有限空间作业须通风换气

（2）进入作业现场前，要详细了解现场情况和以往事故情况，并有针对性地准备检测与防护器材。

（3）进入作业现场后，首先对有限空间进行氧气、可燃气、硫化氢、一氧化碳等的气体检测，确认安全后方可进入。

（4）对作业面可能存在的电、高、低温及危害物质进行有效隔离。

（5）进入有限空间时应佩戴隔离式空气呼吸器或佩带氧气报警器和正确

的过滤式空气呼吸器，如图 11-5 所示。

图 11-5　进入有限空间时应佩戴隔离式空气呼吸器

（6）进入有限空间时应佩带有效的通信工具，系安全绳。

（7）配备监护员和应急救援人员。

（8）严格安全管理，落实作业许可。

（9）冬季在用煤炉取暖的作业或休息地点要采取通风措施，防止煤气中毒。

七、罐车洗刷作业的安全知识和防护措施

（1）洗罐作业人员应佩戴好规定的安全防护用品。防护用品作用及状态应良好，禁止使用化纤制品防护服。

（2）凡进入罐体内作业的人员，应先确认罐内残留货物的性质，当无法确认时，应取样品进行化验，待确认后再进行洗刷作业。

（3）洗罐作业应由两人以上人员进行，罐内有人作业时，罐上部出入口应有专人监护，监护人应按规定的联系信号和联系方法与作业人员取得联系，以保证罐内人员的安全。

（4）洗刷装有乙基汽油（含铅汽油）以及其他不溶于水的液体的罐车时，应将罐内残余物取出后，在通风良好的条件下，敞开罐盖进行清洗、蒸洗或冲洗。

（5）洗刷装运过腐蚀或有毒品的罐车时，必须佩戴防毒面具，胶质防护服、手套、胶鞋等防护用品，要实行轮换工作制，进入罐内作业的一次最长时间不得超过 30 min，并采取通风措施。低压送风机、皮管、面具要完整，

作用须良好。

（6）采用溶液洗刷时，应确保溶剂与罐内残留物接触时不致产生有剧毒、爆炸、起火或其他危及人体安全的化学反应。

（7）作业人员应做好个人卫生保健，作业完毕及时进行洗漱。不得将食品带入毒物污染区，不在有毒物地点、罐内进食。

八、罐车检修作业安全知识及防护措施

（1）油罐车在入段修理前，必须经过蒸洗，除去罐内油垢，并将进入孔盖（或空气包盖）打开排出油气并经测爆不超量和试火，并签发试火单据；对于装有化工产品的专用罐车，修理前须在取得化工厂的洗涤消毒安全证明后方准入段施修；对需要焊修罐体的车辆，在焊修前进行引火试验，确认无火焰产生时才能实施焊修。

（2）罐体检修钳工、熔接工、铆工在工作前要复查确认"洗罐完""已试火"标记。发现异状或有浓厚气味，要先做试爆，超过测爆极限时，不得施修。未经洗刷的罐车，不得进入检修线。

（3）在罐体内部施焊、熔割作业时，要有良好的通风和绝缘设备，身体各部位不得接触罐体，有人下罐作业时，罐口要设专人监护、瞭望，时刻注视罐内作业人员动态，罐内人员未出来之前，监护人员不得中断监护瞭望，发现动作异常，要及时救护，以保证罐内作业人员安全，如图 11-6 所示。

图 11-6　罐体内部施焊、熔割作业时要设专人监护

（4）各阀体分解、清洗时应注意消烟排毒。

（5）如发现罐内有人已中毒，罐外人员在无可靠预防措施时不能贸然进入罐内救人。

第四节　事故案例分析

一、案例一

（一）事故概况

2005 年 7 月 11 日 12 时 15 分,济南市信泰德公司 1 名经理受济南铁路局会议中心委托,指派 1 名维修工疏通该会议中心下水道,该维修工在清理了院内下水井后,认为堵塞主要是院外下水井造成,随即到院外下水井去继续疏通（此下水井在会议中心北门东 20 多米）。该维修工在疏通会议中心北门前辅道污水井时,在未采集井内气体进行检测,也未佩戴防护用具的情况下,即下井作业,中毒窒息栽入水中,济南铁路局会议中心 1 名电工,在未采取任何措施的情况下,急忙下井救人的时候,也因窒息中毒栽入水中。后两人被 120 送医院经抢救无效死亡,构成责任死亡事故（图 11-7）。

（二）事故原因

（1）地方单位的维修工在未对井内进行气体检测,也未佩戴防护用具的情况下,违章下井作业,会议中心电工在未采取任何措施的情况下,急忙下井救人,是造成事故的主要原因。

图 11-7　盲目下井作业和施救,不慎中毒致身亡

（2）会议中心对本单位职工的安全生产教育不到位,职工安全防范意识和自我保护能力薄弱,是造成事故的重要原因。

（三）事故教训

（1）违章蛮干。地方单位的维修工进入井内作业前，没有进行必要的气体检测，违反了进入密闭、有限空间作业须严格遵守国家《预防中毒和窒息措施》的有关规定，盲目蛮干。

（2）缺乏基本常识。2名人员进入密闭、有限空间作业和应急救人时，缺乏必要的安全常识和应急能力，安全防范意识和自我保护能力不强。

二、案例二

（一）事故概况

2009年11月10日8时50分，哈尔滨铁路局海拉尔车务段海拉尔东站2名当班扳道员违章进入停留在该站13道的G60K0122034号室油罐车内掏汽油，中毒窒息，该站2名货检员在检查车辆时，发现二人已经死亡，构成责任中毒窒息死亡事故。

（二）事故原因

（1）违法掏油。海拉尔东站2名扳道员当班产重违反劳动纪律，脱岗到13道停留的罐车内掏油，是造成事故的主要原因。

（2）违规进入有毒场所。海拉尔东站2名扳道员严重违章，明知罐车内存在有毒气体，还进入罐体内掏油，导致中毒窒息死亡，是造成事故的又一主要原因。

（三）事故教训

（1）经公安机关调查认定：2名扳道员因私自在海拉尔东站进入13线停留的空油罐车内，在充满汽油性质气体的环境中，由于缺乏氧气，造成窒息死亡。

（2）个别职工法制观念淡薄，不能严格约束个人行为，违法私自进入罐体内掏汽油，导致窒息死亡。

复习思考题

1. 何谓缺氧窒息？
2. 何谓中毒窒息？

3．何谓急性中毒？

4．何谓慢性中毒？

5．在密闭、有限空间中作业有哪些危害？

6．在有毒有害场所作业中有哪些危害？

7．有毒物品的运输、装卸作业中有哪些危害？

8．有毒物品的储存保管作业中有哪些危害？

9．简述在密闭、有限空间作业预防中毒和窒息措施。

10．简述罐车洗刷作业的安全知识和防护措施。

第十二章　防暑降温

高温天气可能导致从事户外作业人员中暑甚至死亡事件的发生，给作业人员身体健康和生命安全造成严重损害，成为社会各界共同关注的重要问题。为加强高温作业和高温天气作业的劳动保护工作，防止因高温作业和高温天气作业导致的作业人员中暑和各类生产安全事故发生，维护劳动者健康及其相关权益，国家安全生产监督管理总局于 2012 年 6 月 29 日颁布了《防暑降温措施管理办法》。

第一节　中暑症状

中暑是指在高温和热辐射的长时间作用下，机体体温调节出现障碍，水电解质代谢紊乱及神经系统功能损害的症状的总称。

一、中暑诱因

有人以为中暑一定是在阳光下、室外的环境中，在家中是不会中暑的，这是误解，在家中不通风也没有空调的环境，也会导致中暑。老年人、产妇、儿童、心血管系统疾病患者、糖尿病患者、感染性疾病患者或体质较差的人容易出现中暑症状。中暑是一个与气温、室温相关的季节病，是可以预防的。

二、中暑症状及处理办法

中暑按病性轻重可分为先兆中暑、轻症中暑与重症中暑三种情况。

1. 先兆中暑

一般表现为：疲乏、头昏、眼花、耳鸣、口渴、恶心、注意力不集中、动作不协调等症状。处理方法：此时如能让病人立即离开闷热环境，到阴凉通风处，并松开衣服，让其喝点含盐饮料或冷水，一般即可很快复原，如果病人不便转动，应立即打开窗户通风，或用电扇吹风，并给予清凉饮料或人丹风油精等解暑药物，也可终止中暑症状的发展。

2. 轻症中暑

除了有上述表现外，还可能出现以下症状：瞳色潮红、皮肤灼热、胸闷、体温升高（38.5度以上）、大量出汗、脉搏加快等。

处理方法：除需将病人立即搬离闷热环境外，还要脱去衣服，让其平卧，用冷水毛巾湿敷头部或包裹四肢和躯干，一边用电风扇吹风，让病人体温快速下降。面色苍白、伴有呕吐和大量出汗者，应及时喂以淡盐水（1 L水中加入 2 ~ 3 g 食盐）或清凉含盐饮料。

3. 重症中暑

重症中暑按症状可分为 4 种类型：热痉挛、热衰竭、日射病和热射病。

（1）热痉挛症状特点：多发生于大量出汗及口渴，饮水多而盐分补充不足致血中氯化钠速率明显降低时。这类中暑发生时肌肉会突然出现阵发性的痉挛的疼痛。

（2）热衰竭症状特点：这种中暑常常发生于老年人及一时未能适应高温的人。主要症状为头晕、头痛、心慌、口渴、恶心、呕吐、皮肤湿冷、血压下降、晕厥或神志模糊。此时的体温正常或稍微偏高。

（3）日射病症状特点：这类中暑的原因正像它的名字一样，是因为直接在烈日的暴晒下，强烈的日光穿透头部皮肤及颅骨引起脑细胞受损，进而造成脑组织的充血、水肿；由于受到伤害的主要是头部，所以，最开始出现的不适就是剧烈头痛、恶心呕吐、烦躁不安，继而可出现昏迷及抽搐。

（4）热射病症状特点：还有一部分人在高温环境中从事体力劳动的时间较长，身体产热过多，而散热不足，导致体温急剧升高。发病早期有大冷汗，继而无汗、呼吸浅快、脉搏细速、躁动不安、神志模糊、血压下降，逐渐向昏迷伴四肢抽搐发展；严重者可产生脑水肿、肺水肿、心力衰竭等。

处理办法：昏迷、抽筋、高烧、休克等症状，属于重症中暑，是中暑中情况最严重的一种，需要立即送医院急救。

第二节　中暑危险辨识

（一）生产性热源

生产性热源是指在生产过程中能够产生和散发热量的生产设备、产品或工件。铁路企业主要产生生产性热源的设备是内燃机车柴油机、锅炉、处所是内燃机车驾驶室和机房、空调发电车机房等；接触生产性热源的作业人员是内燃机车乘务员、地勤检修人员、空调发电车司机等。

（二）高温天气露天作业

（1）高温天气露天作业存在高温、高辐射，作业时，人体会出现一系列的生理功能改变，这些变化在一定限度范围内是适应性反应，但如超过范围，则会产生不良影响，甚至引起病变。

（2）铁路企业高温天气露天作业包括线路施工、维修作业，接触网施工、维修作业，电务施工、维修作业，调车作业、列检作业、房建施工作业等。

（3）从事铁路企业高温作业的人员包括线路工、巡道工、探伤工、信号工、接触网工、调车作业人员、列检作业人员、房建施工作业人员等。

（三）防暑降温缺陷

（1）高温天气露天作业，作业人员患有高血压、心脏病等疾病。

（2）高温天气露天作业，防暑降温措施不到位。如未佩戴防护用品。

（3）作业环境不良。如高温、高辐射、高湿度、通风不良、气压不适等。

（4）安全管理。如未建立防暑降温措施、高温中暑应急预案不完善、未进行防暑降温检查、职业安全卫生责任制未落实、作业现场未配备清凉饮料和防暑药品、对患有职业禁忌证的人员未调整岗位：高温天气作业人员连续作业时间超过国家规定等。

（5）防暑降温设施缺乏。如未合理设置电风扇、空调、通风机等。

第三节　防暑降温的基本知识和预防中暑措施

为了加强高温天气作业劳动保护工作，预防中暑事件的发生，铁路企业作业人员应掌握防暑降温基本常识和预防中暑的措施，养成良好的生活习惯。

一、防暑降温的常识。

（1）作业人员作业时要按规定佩戴个人防护用品。

（2）各单位应当对作业人员进行上岗前职业卫生培训和在岗期间的定期职业卫生培训，普及防暑降温、中暑急救等职业卫生知识。

（3）各单位应当在高温工作环境设立休息场所。休息场所应当备有坐椅，保持通风良好或者配有空调等防暑降温设施；要合理调整工休时间，注意劳逸结合，避免过度疲劳。

（4）高温天气要保证作业现场饮水或清凉饮料的供应充足。现场应供给足够的合乎卫生要求的饮用茶水或清凉饮料等，有效地防暑降温。高温天气现场作业人员要随身携带防暑药物，避免发生中暑事件。

（5）作业人员出现中暑症状时，应当立即采取救助措施，使其迅速脱离高温环境，到通风阴凉处休息，供给防暑降温饮料，并采取必要的对症处理措施；病情严重者，应当及时送医疗卫生机构治疗。

（6）合理饮食，及时补充水分。饮食以清淡为好，多食富含蛋白质和维生素 B、维生素 C 的食物。因为这些水溶性维生素容易随汗排出。每日补充足够的水分，特别是出汗多时，要喝些盐汽水，如图 12-1 所示。

图 12-1　良好的生活习惯

（7）保持充足的睡眠。夏天日长夜短，气温高，人体新陈代谢旺盛，消耗也大，容易感到疲劳。充足的睡眠，可使大脑和身体各系统都得到放松，既利于工作和学习，也是预防中暑的措施，如图 12-2 所示。

图 12-2　过度疲劳易诱发中暑

（8）空调不宜过冷。医疗气象学家通过试验发现，应该不断调节居室温度，从而逐渐适应温度的较大变化。正确的做法是：居室的温度应在 26～29 ℃之间不断变换，才对身体健康有利。睡眠时注意不要躺在空调的出风口和电风扇下，以免患上空调病。

（9）降温不宜过快。大汗淋漓时，到风扇前揭开衣服猛吹，或拧开水龙头，让冷水直冲而下，实现"快速降温"，是好多人认为爽心的做法。殊不知这种"快速冷却"的方式，常常会"快活一时，难受几天"，甚至引起各种疾病。

（10）衣服不宜过少。保健专家指出，赤膊只能在皮肤温度高于环境温度时，才能通过增加皮肤的辐射、传导散热起到降温的作用。而酷暑之日，最高气温一般都接近或超过 37 ℃，皮肤不但不能散热，反而会从外界环境中吸收热量，因而夏季赤膊会感觉更热。

二、防暑降温相关规定及措施

（一）铁路企业室外作业人员防暑降温措施

（1）铁路企业室外作业人员（所有工种）必须按规定穿戴好防护用品；作业现场必须配足生活用水、清凉饮料、防暑药品（藿香正气水、十滴水、祛风油等）、灭蚊物品等，野外作业要携带蛇药。有条件的组织人员将西瓜、绿豆稀饭、防暑汤等防暑降温物资送到作业现场。

（2）根据国家有关职业卫生标准，入暑前组织完成"双高"作业人员的体检，防止员工因患有职业禁忌证而在生产过程中出现人身伤亡事故。

（3）在连续高温期间，根据生产特点和具体条件，及时调整作息时间，避开和减少高温时段作业，严格控制加班加点，保证生产人员的休息，适当减轻劳动强度。

（4）施工作业人员：因"天窗修"、紧急故障抢修等原因不能避开高温时段的作业和没有防暑降温设施作业场所作业时，要督促个人做好防护，有条件的要搭建简易凉棚和设置机械通风设备。

（5）机车乘务员：确保公寓、调车点、候班室、休息室、食堂等处所的防暑降温设施设备状态良好；做好备班楼空调的养护和维修，确保乘务员备班质量，保证班前休息好；配足生活用水、防暑药品（藿香正气水、十滴水、祛风油等）、蛇药。

（6）轨道车司乘人员：确保轨道车配备的空调、发电机正常运转；严格落实候班制度，重点抓好班前休息；配足生活用水、防暑药品（藿香正气水、十滴水、祛风油等）、蛇药。

（7）机务、车辆检修人员：确保休息室等处所的防暑降温设施设备状态良好；作业时要携带蛇药。

（8）调车作业人员：确保休息室、备班室等防暑降温设施设备；严格落实备班制度，重点抓好班前休息；作业时要携带蛇药。

（9）严禁员工私自下河塘游泳或洗澡，防止淹溺事故的发生。

（10）各单位要加强对防暑设备设施和防暑降温工作措施落实情况进行检查。

（11）积极改善施工或作业地点生产生活环境，要认真落实施工或作业地点现场管理规定，积极采取措施，加强通风降温，确保施工及作业人员宿舍、食堂、厕所、淋浴间等临时设施满足防暑降温需要，并为施工及作业人员提供清凉饮料和常用防暑药品，尤其是施工现场的宿舍和食堂必须安装电扇，有条件的单位，应在宿舍安装空调。

（12）切实做好卫生防疫工作。要切实做好施工及作业现场及生活区的卫生防疫工作，加强对饮用水、食品的卫生管理，严格执行食品卫生制度，避免食品变质引发中毒事件；加强对夏季易发疾病的监控，现场作业人员发生法定传染病、食物中毒时，应及时向有关主管部门报告。

（二）预防中暑相关措施

在酷热的环境中，当人体体温上升时，身体机能会自然地作出一些生理调节来降低体温，例如增加排汗和呼吸次数。可是，当环境温度升高，这些生理调节不能有效地控制体温时，当体温升至 41 ℃ 或以上时，会出现全身痉挛或昏迷等现象，称为中暑。此时，若不及时替患者降温及进行急救，便会有生命危险。

容易中暑人群：过胖者、儿童、长者、患病者，在高温、通风不良的环境下进行大运动量活动或剧烈运动的人群，也是易中暑的高危人群。

预防中暑的措施如下：

（1）经常留意气象台发出的天气警告，在炎热天气下应采取措施，以防中暑。

（2）在室内尽量打开窗户，利用风扇和空气调节以保持通凉快。

（3）避免在湿热的环境下作剧烈运动，应选择室内通风的场所进行。

（4）如要外出，可穿着浅色、宽松和通爽的衣物，戴上宽边帽子或伞以阻挡阳光直射及帮助散热。

（5）在酷热的天气下，不应进行长程的登山或远足等活动。

（6）户外活动最好安排在早上或黄昏后。

（7）应补充足够水分，以防出现脱水现象。

（8）避免喝含咖啡因和酒类等利尿饮品。

（9）不应留在停泊的车内。

（10）若有任何不适，应立即向医生求诊。

（三）防暑降温相关规定

（1）认真贯彻落实国家颁布的安监总安健〔2012〕89号《防暑降温措施管理办法》的要求，切实加强对防暑降温工作的组织领导，完善、落实责任制，狠抓防范措施落实；防止因高温天气引发的作业人员中暑和各类生产安全事故。

（2）在高温天气期间，应当根据地市级以上气象主管部门所属气象台，当日发布的预报气温，调整作业时间（因人身财产安全和公众利益需要紧急处理的除外），适当采取增加高温工作环境下劳动者的休息时间和减轻劳动强度、减少高温时段室外作业等措施。

①日最高气温达到40 ℃以上，应当停止当日室外露天作业。

②日最高气温达到37 ℃以上、40 ℃以下时，用人单位全天安排劳动者的室外露天作业时间累计不得超过6 h，连续作业时间不得超过国家规定，且在气温最高时段的3 h内不得安排室外露天作业。

③日最高气温达到35 ℃以上、37 ℃以下时，用人单位应当采取换班轮休等方式，缩短劳动者连续作业时间，并且不得安排室外露天作业劳动者加班。

（3）制订高温中暑应急预案，定期进行应急救援的演习，并根据高温作业和高温天气作业的劳动者数量及作业条件等情况，配备应急救援人员和足量的急救药品。

（4）做好职业健康检查和职业病危害因素监测工作，对患有心、肺、脑血管性疾病、肺结核、中枢神经系统疾病及其他身体状况不适合高温作业的员工，应调离高温作业岗位或对其加强预防中暑的保护措施。

（5）加强作业中的轮换休息。在夏季根据施工及作业的工艺过程，尽可能调整劳动组织，采取勤倒班的方式，缩短一次连续作业时间，加强工作中的轮换休息。加强现场巡查，加大防暑降温知识和中暑急救知识宣传，提高全员安全防范意识。

复习思考题

1．作业人员出现中暑症状时应当采取什么措施？

2．中暑按病性轻重可分为哪几种？

3．哪些人群容易中暑？

4．什么是生产性热源？

5．铁路企业产生生产性热源的设备有哪些？

6．日最高气温达到 37 ℃ 以上、40 ℃ 以下时，用人单位全天安排劳动者室外露天作业时间有何规定？

7．预防中暑的措施有哪些？

8．作业人员因高温作业或者高温天气作业引起中暑，经诊断为职业病的，是否享受工伤保险待遇？

9．良好的生活习惯有哪些？

10．调车作业人员应如何防暑降温？

第十三章　防寒过冬

铁路防寒工作的对象，主要是指铁路作业人员在冬季作业的人身安全和设备设施的防寒检查和整备。我国北方地区冬季时间较长，环境多变，气候条件恶劣，造成职工伤害的危险因素增多，保证作业人员防寒过冬是铁路冬季运输生产必须提前做好的一项工作。

第一节　防寒过冬基本知识

冬季是四季之一，南北温度差异很大。北方冬季受蒙古西伯利亚的冷高压影响，经常有冷空气南下形成寒潮，使气温大大降低；南方则受到来自海洋的暖湿气流影响，冬季大多是温和的。在多个地理因素（太阳辐射、气候、地形）的综合作用下，使得我国南北的温差在冬季比夏季大很多。

一、冬季节气常识

冬季始于立冬，止于立春。

立冬：时值公历的 11 月 7 日前后。立冬单从字面上可解释为："立，建始也，冬，终也，万物收藏也。"民间习惯把这一天当做冬季的开始（图 13-1）。

图 13-1　立冬

小雪：时值公历的 11 月 22 日前后。此时因气温急剧下降而开始降雪，但还不到大雪纷飞的时节，所以叫小雪。小雪前后，黄河流域开始降雪（南方降雪还要晚两个节气），而北方已进入封冻季节。

大雪：时值公历的 12 月 7 日前后。"大雪"从字面上理解，就是表示降雪开始大起来的意思。古人解释曰："大者，盛也，至此而雪盛矣。"当地面有积雪时，则是大雪的象征（图 13-2）。

图 13-2　大雪

冬至：时值公历的 12 月 21 日前后。冬至这一天，阳光几乎直射南回归线，北半球白昼最短，黑夜最长，开始进入数九寒天。天文学上规定这一天是北半球冬季的开始。而冬至以后，阳光直射位置逐渐向北移动，北半球的白天就逐渐变长了。

小寒：时值公历的 1 月 5 日前后。小寒以后，开始进入寒冷季节。冷气积久而寒，此时天气寒冷但还没有达到极点，所以称为小寒。

大寒：时值公历的 1 月 20 日前后。此时天气寒冷至极，所以称为大寒。大寒是一年中最后一个节气，正处于"四九"和"五九"中，气温往往比上个节气有所回升。有些年份，全年最低气温会出现在本节气中。

二、冬季防寒常识

（一）冬季防寒注意的问题

俗话说"三分饥寒，七分温饱"，是非常有道理的。冬季御寒保暖固然重要，但保暖过度，容易使机体的调节和适应能力下降，耐寒能力降低，反倒容易引发一些疾病。所以冬季防寒应尽量避免以下几方面：

（1）被褥太厚。睡觉时被褥太厚会压迫身体，不能使身体彻底放松，同时太厚的被褥也会压迫心脏等脏器，影响健康。

（2）蒙头睡觉：如果蒙头大睡，会因被窝内二氧化碳等废气逐渐增加，影响正常的呼吸甚至造成窒息。同时也可能因被窝内缺氧而诱发心脑血管疾病。

（3）日晒过长（冬季保健新法，以冷制冷）：冬天的太阳又舒服又暖和，每天晒会儿太阳本是好事，因为适当晒太阳有利于机体对钙质的吸收，但晒太阳也有个度，如果时间过长则对身体有害无益。因为日晒过长会损伤皮肤，破坏人体的自然屏障。使大气中有害的化学物质、微生物侵袭人体，造成感染，还可诱发许多疾病。

（4）紧闭门窗：冬季，很多人紧闭门窗，足不出户。由于紧闭门窗，室内空气流通不佳，导致空气污浊，容易引发头昏、出汗、咽喉干痛、胸闷不适等症状。

（5）运动减少：冬季由于气候寒冷，人们多不愿出外运动。其实，越是寒冷，越应多多运动，因为运动是驱除寒冷的最好办法，还可增强抗病能力，减少疾病的发生。

（6）戴口罩防冷：鼻黏膜里有丰富的血管和海绵状血管网，血液循环十分旺盛，当冷空气经鼻腔吸入肺部时，一般已接近体温。人体的耐寒能力应通过锻炼来增强，若依赖戴口罩防冷反而使人体变得娇气，更容易患感冒。

（7）热水洗脸：冬天人的面部在冷空气刺激下，汗腺、毛细血管呈收缩状态。当遇上热水时则迅速扩张，但热量散发后，又恢复低温时的状态。毛细血管这样一张一缩，容易使人的面部产生皱纹。

（8）饮酒御寒：饮酒后有浑身发热的感觉，这是酒精促使人体散发原有热能的结果。酒劲过后，因大量热能散出体外，反而使人浑身起鸡皮疙瘩，导致"酒后寒"。

（9）手脚冰冻用火烤：冬天手脚长期暴露在外，血管收缩、血流量减少。此时，如果马上用火烘烤会使血管麻痹、失去收缩力，出现动脉淤血、毛细血管扩张、渗透性增强，局部性淤血。轻的形成冻疮，重的造成组织坏死。所以，冰冻的手脚只能轻轻揉擦，使其慢慢恢复正常温度。

（10）皮肤发痒用手抓：冬天因干燥感到浑身发痒时，切不可用手抓挠，否则易抓破皮肤引起继发感染。防治方法是多饮水、多吃些新鲜蔬菜、水果，少吃酸辣等刺激性强的食物，少饮烈性酒。勤洗澡，勤换内衣。瘙痒严重者，可服用氯苯那敏、异丙嗪等药物，也可涂些炉甘石洗剂或涂搽氟轻松软膏治疗。

（二）冬季防寒常识

1. 要注意脚暖、膝暖、背暖、头暖

"头戴帽，不易寒"。头部由于裸露在外部，很容易受风寒。头部一旦受寒，容易引起感冒。要想保暖头部，戴帽子很重要，并且最好能捂住耳朵。

另外，头上有很多重要穴位，经常按摩头皮，加快血液循环，也能保持头部暖和。

保暖先暖脚。寒从脚下起，脚部一旦受寒，很容易引起感冒或腰腿疼痛等病症，因此冬季的脚部保暖尤为重要。脚部保暖首先要有合适的鞋子和袜子。鞋子的尺码应稍大些，最好垫一双棉鞋垫，脚放在里面要有点空间。其次，鞋底应稍高些，这样可以起到与冰冷地面隔寒的作用。冬季最好每天用温热水泡脚，步行半小时以上，并坚持早晚搓揉脚心。

衣服不能太紧。衣服太紧太厚，不但会限制身体活动，还会影响血液循环。所以冬季穿衣感觉温暖就可以了。

戴围巾别捂嘴。围巾可不能当口罩用，但很多人戴围巾时，却习惯把脖子、嘴巴一起捂着。这种做法对健康很不利。因为围巾大都以羊毛、兔毛、混纺毛线织成，纤维极易脱落，又因容易吸附灰尘、病菌，而且不是每天都清洗，脱落的纤维、灰尘、病菌就很容易随着呼吸进入体内，引发疾病。

室温不要太高。冬天天气干燥，室内外温差较大，一出一进很容易受凉。冬天室温应该稍凉一些，温度保持在 18~20 ℃ 为宜。如果能在室内放一盆水，增加一下室内湿度就更好了。

门窗不应太封闭。冬季室内要多通风换气，以保证空气清新、氧气充足。在冬天应该每天开窗通风 2 到 4 次，每次持续 10 min 左右。

2. 抗寒防病的方法

冬天气候寒冷，人们很容易感受外邪、风寒，引发感冒、鼻炎等上呼吸道感染疾病。

（1）常喝白开水。冬天气候干燥，人体极易缺水，常喝白开水，不但能保证机体的需要，还可起到利尿排毒、消除废物之功效。

（2）常喝枣姜汤。用大枣 10 枚、生姜 5 片煎茶，每晚服用一次，能起到增强人体抗寒能力，减少感冒及其他疾病的作用。

（3）坚持冷水洗脸。可增强人体耐寒、抗病能力，起到预防伤风、感冒之目的。

（4）床头常放柑橘或薄荷油。柑橘性温，散发出来的强烈气味可祛除病毒。床头摆柑橘，可预防上呼吸道疾病；睡前吃几瓣橘子，能化痰止咳。用薄荷油一小瓶，置于枕头边，用漏气的瓶塞盖好，让薄荷气体慢慢散发，也有治头痛、鼻塞之功效。

（5）夜卧桑菊枕。冬桑叶和秋菊可清目醒脑治感冒。用其作枕芯，使人头脑清新，入睡适意，也能防治感冒。

第二节　冬季作业安全的特点

冬季作业的特点，实际上是铁路运输安全生产的难点，季节变换给铁路运输生产带来了不利因素。充分做好冬季作业的思想准备，在实际工作中应采取针对性的有效措施，克服这些不利条件，只有这样才能确保安全生产，高质量地完成冬季运输生产任务。

一、气候特点

冬季天气寒冷、气温低，风、雷、雾、霜频繁发生，夜间长、昼间短，温差大，这些自然现象，对铁路运输生产的设备、作业场所、作业人员及行车组织工作等多方面增加了很大的难度，给人员作业带来了极大的不便，可概括为冷、长、滑、凝、笨、畏、忙。

（1）冷：冬季气温低，天气寒冷，人的视觉、听觉、行动都会受到一定影响，对外界反应敏感度降低，容易发生冻伤、跌滑、交通等人身伤害事故。另外也给人们的生活、心理上带来诸多不良影响，对严寒易产生畏惧心理，精神不集中，工作中易出现简化作业、违章作业等行为。

（2）长：昼短夜长，车场内照明不好会产生死角，给现场作业人员带来极大不便，特别是夜间作业难度大，作业人员体力消耗大，精力往往不够充沛。

（3）滑：冰天雪地是北方冬季的真实写照。冬季经常有冰、雪覆盖现场，特别是有时的午间阳光融化了冰雪表面，到了夜间又结成光滑的冰面，地面、轨面、台阶、梯凳湿滑，易发生滑跌、摔伤等人身事故，给现场作业人员带来极大的不便，增加了作业的难度。

（4）凝：由于冬季雾多，能见度低，而且信号、玻璃、眼镜都容易凝霜、凝雾，影响视线，使瞭望困难，现场作业防护瞭望视线距离短，尤其巡道、巡桥等单独作业人员的作业困难更大，给人身安全、作业带来影响。

（5）笨：冬季天气寒冷，露天作业人员穿戴较多，衣着笨重，行动不便，反应相对迟缓，作业场所溜滑，易碰伤或摔伤。因此，作业人员要相互关照，搞好互控，注意人身安全。

（6）畏：冬季气候严寒，铁路行车人员几乎天天在寒风凛冽、零下几十度的冰天雪地里作业，易产生畏寒怕冷思想从而缩手缩脚，反应迟钝，出现简化作业程序，违章蛮干的现象，给行车和人身安全带来隐患。

（7）忙：冬季是铁路冬运、春运繁忙季节，车流密度大，再加上中国两大传统节日，职工家务忙、事情多，思想比较活跃，容易休息不好，造成工作精力分散，劳动纪律松弛，思想抛锚，诱发各类事故，对人身安全构成威胁。另外，年末阶段生产任务紧张，容易产生"抢任务、轻安全"的思想倾向。

二、冬季作业特点

1. 冬季机车、车辆部门的作业特点

铁路机车、车辆的制造材料绝大多数是金属，其中主要是钢铁，在寒冷的冬季，由于气温低，钢铁变脆，极易发生折损和断裂。铁路机车车辆的梁、栓、托、架等部件比较单薄，在冬季更易损坏。针对这一特点，在冬季作业时，必须正确掌握机车、车辆的连挂速度和走行速度，做到连挂速度适当，走行速度均匀，以防止因大力冲撞而造成机车、车辆部件断裂折损，确保安全。

设备受气温影响，容易发生故障失灵、产生误动作；机车车辆制动力减弱，滑行距离延长，操作困难，金属结构件容易产生变形、破裂，导致气体介质泄漏，所以，冬季机务部门要做好机车防寒包扎、停留机车防寒打温及打温前的防寒解冻工作。

2. 冬季铁路通信、信号部门的作业特点

在冬季，霜、雪、雾多，高空架设的电线路可能结冰以致坠断，造成停电或通信信号中断，车站的通信信号线也容易因混线、短路造成故障，对行车工作产生影响。注意了这方面的特点，冬季中，组织行车作业时，要密切注意电力、信号、闭塞、联锁及通信设备的状态，一旦发现故障要及时向列车调度员及值班干部报告，立即通知有关部门组织抢修。在接发列车和调车作业时，按非正常情况处理，绝不能手忙脚乱、揣测行事，影响安全。

3. 冬季工务部门的作业特点

冬季的一些设备状态要发生变化，因而其作业也有别于夏季。冬季气候寒冷，气温较低，含水量大的路基易发生冻害，由此而产生的轨道几何尺寸变化，工务垫板、改道整修任务加重；受冰雪覆盖影响，各种故障不易被及时发现，不利于铁路维修和巡道工作，导致线路隐患不能及时被消除，处理临时设备故障的任务加重。

"天寒铁脆""三折"相零配件的折损时有发生，在冬季更换钢轨、夹板、辙叉、零配件的作业和阻止钢梁裂纹扩大的作业量大大增加。

4. 冬季室外作业场所的作业特点

"冰天雪地"是对北方冬季的真实写照。铁路行车工作特别是调车工作有很大部分是在室外进行的。冬季经常有冰、雪覆盖车站的站场。特别是有时午间阳光融化了冰雪表面，到了夜间又结冰发滑，给车站的接发列车人员、调车人员带来了极大的不便。尤其是牵出线、调车线两旁作业人员经常行走的地方，非常容易结冰发滑，调车人员行走和上、下车时容易滑倒受伤。

因此，在冬季，一是要及时清除积雪，特别是作业人员经常行走的线路边的积雪要清扫彻底，避免其结冰；二是室外作业人员都要穿着防滑鞋，不要穿塑料底、硬底和带钉子的鞋；三是调车人员在上、下车前要选好地点，不要超速、上下车，以免发生危险。

5. 冬季夜间作业的特点

冬季昼短夜长，尤其是区间作业，照明不好，给夜间天窗修带来了极大不便；站场内照明不好有死角，给作业人员检查、核对现车等作业带来极大不便。造成作业人员体力消耗大，精力往往不够充沛。根据这些特点，在冬季夜间作业时，要特别注意班前休息好，保证班中体力充沛、精力旺盛。在作业中，要认真细致，不要盲目求快。

6. 冬季作业人员特点

（1）畏寒情绪：怕冷、畏寒是人的共同特点。因此，简化作业过程、晚出务或出务不全的现象时有发生。

（2）行动不灵敏：冬运行车作业人员要穿上棉衣。棉裤、棉鞋，戴上棉帽、棉手套等，这样，行动必然要比其他季节缓慢。

（3）瞭望困难：冬季夜长，风、雪、雾多，这些都给作业人员瞭望带来诸多不便。

根据冬季生产人员的变化特点，在冬运前要专门进行教育，做好职工的思想工作，采取措施解决好职工的具体生活困难。每次接班前，也要进行思想动员，使职工树立克服困难的信心。在实际工作中，要掌握规律，抓住特点，提前出务，做好准备，相互配合，互控联防，仔细观察，认真检查，正确及时地显示信号，确保行车、调车作业及作业人员的人身安全。

第三节　冬季作业对人身安全的基本要求

防寒过冬安全一直是铁路企业生产中的重要工作。《技规》中对防寒工作有明确的要求：一是对有关人员进行防寒过冬培训，并按规定做好防寒劳动防护用品的配备和发放工作；二是对铁路技术设备进行防寒过冬检查、整修，并做好包扎管路等工作；三是做好易冻的设备、物资的防冻解冻工作；四是储备足够的防寒过冬材料、燃料和工具，检修好除冰雪机具和防雪设备，组织好除冰雪队伍。

以下是冬季预防人身伤害应准备的工作。

（一）防寒过冬物资准备

（1）提前准备好防寒、防护用品，做到备足备齐后及时发放到每个职工手中，如御寒服、棉鞋、手套等。

（2）对所有的生产厂房和乘务员公寓、候班室、单身宿舍等工作休息的场所要提前做好整修，做到门窗玻璃防寒材料齐全合格，按规定揭挂保温门帘（被）等，达到保暖保温的良好达标。

（3）对露天作业的吊车、登高作业扶梯、作业场照明灯桥、调车机车的脚踏板、机务整备场内的擦车台等登高作业处所要提前做好包扎防滑措施。

（4）对检车、调车、机车、客车等作业整备场所要保持场地平整，道路通畅，无积水结冰，照明良好且光线充足，并按规定设置安全警示标志。

（5）对下雪后积雪和场地的积冰要及时组织采取清除措施，防止滑倒摔伤。

（二）防寒设备过冬前检查、整修要求

（1）批准使用煤火炉取暖的处所（包括分室使用火炉取暖）要正确安装炉具和风斗，经有关部门验收合格，张贴合格证后方可点火使用。

（2）对新安装、改造的常压锅炉土暖气，必须由有资质的专业人员负责设计安装，设计图纸（对于燃油燃气锅炉还需有公安消防部门的相关审批见证资料）上报有关部门审核备案后方可安装。在使用中，土暖气每年必须由单位的安全、技术设备部门组织整修合格，并在锅炉房内按规定揭挂设计图纸、安全操作规程，防冻、防爆等安全管理制度，验收"合格证"后，方可点火使用。

（3）对常压热水、茶浴锅炉在入冬前，由单位的技术设备和安全部门负责组织进行全面的整修和验收。需安装、修理和改造时，有关安全技术资料和安装、修理施工方案必须经有关部门审核备案后方可施工。安装、修理和改造完毕后，必须经有关部门验收合格，特种设备检测中心检验合格，出具检验合格证书，并在锅炉房内揭挂检验合格证、安全操作规程，安全卡控措施与应急处理预案，安全管理制度后，方准点火使用。

（4）对新装和大修的承压锅炉必须按规定经有关部门验收合格，取得锅炉使用证并在锅炉房内揭挂安全操作规程、安全管理制度、安全卡控措施。非正常情况应急处理程序与预案和检验合格证后，方准点火使用。

（5）对在用承压锅炉，各单位翼提前做好检修，并经路局特种设备检测中心检验合格，各种安全附件齐全有效，校验合格，作用良好，安全措施健全完善后方准使用。

（6）对室外安装的各种压力容器、压力管道要做好防寒保温和排水工作。

（7）对各工作场地、地沟、水井、风井坑、池等，添设坚固的防寒盖板。

（三）冬季作业对人身安全的基本要求

根据冬季作业特点和作业规律，必须认真贯彻落实"安全第一、预防为主、综合治理"的方针，全体干部、职工在冬季必须做到以下要求。

1. 冬季上班前有关要求

（1）上班前严禁饮酒，充分休息，保证工作时精力充沛、思想集中。

（2）工作前必须按规定穿戴好防护用品，防寒帽必须有耳孔且孔径不小于 20 mm，禁止穿高跟鞋、塑料底鞋及带钉子鞋作业。

（3）作业前认真检查、确认使用的工具、交接的设备状态良好，严禁使用不良机具，严格执行岗位责任制和交接班制度，认真听取工班长班前对生产计划安排以及对安全生产注意事项的布置要求，作业中要认真执行各种规章命令，团结协作，密切联系，不得臆测行事，不准玩笑打逗。

2. 冬季在站场上作业及行走时的安全要求

在站场上作业和行走时，禁止戴妨碍视觉、听觉的色镜、帽子或其他遮盖物，有冰冻时在鞋上绑扎草绳或穿其他防滑鞋具，以防滑倒摔伤；要随时注意来往的列车和机车车辆的移动，遇风、雪、雾天气时更应特别注意邻线有无来往机车、车辆，要站在适当位置，防止被车上坠落物品、篷布、绳索等击伤，严禁走枕木头、道心、轨面，严禁在车底下、车端部和站台边坐立、闲谈休息、避风雪，如图 13-3 所示。

图 13-3　冬季在站场上作业及行走时的安全要求

3. 取暖时防止煤气中毒

（1）安装炉具烟筒时，炉灶周围要设炉挡、烟筒要顺着安装，不可逆向安装。

（2）取暖用炉具及安装必须合格，并须有检查合格证后，方准使用。

（3）夜间值班时在有人住宿的房屋，使用炉火取暖时，必须安有风斗，无风斗的房屋不准人员住宿。

（4）必须按期清理烟筒、烟道，防止倒烟，严禁敞口取暖。

4. 冬季使用各种镐类应注意的安全事项

使用各种镐类起重时，起镐作业前，要整顿现场，清除积雪，打好止轮器，垫好木墩，重心要找准，地面必须坚固可靠，底座安放平稳牢固，镐体垂直，金属与金属接触部分要加防滑木垫，顶升高度不得超过全长的 3/4（或安全线）。在一个起重物上同时使用多台镐时，每台镐的起重能力，不得小于其计算载荷的 1.2 倍，要由专人指挥，平衡起落，防止倾斜。在起重过程中，起重物尚未垫稳妥之前，操作人员不得离开岗位，身体任何部位不得伸入起重物下方。

（四）冬季除冰雪作业

除雪、除冰工作是一项非正常工作，由于天气恶劣、作业时间不固定，给人身安全带来严重隐患，作业前，作业人员要根据除雪位置制订详细的安全措施，制订行走路线图、待避列车位置图；遇到易于溜滑的地段，应注意提高警惕，踏稳、踩牢，防止滑倒摔伤。除雪、除冰负责人负责除雪前的安全教育。

（1）遇有雪情预告，必须提前做好人员、用具、通信设备、防护用品等各项除雪准备工作。

（2）线路上除雪作业必须设置安全防护，现场设防护员、车站设驻站防护员，缺一不可，如图13-4所示。

（3）线路上的除雪作业必须有组织、有防护，严禁单人除雪，现场除雪时必须保证3人以上，必须设一名专职防护人员。特别是清除雪后道岔内的残雪时，必须严格按规定设置安全防护。

（4）除雪作业前，每一个小组必须明确负责人，必须指定专人担任安全防护工作；在站场道岔咽喉区的多个作业组同时作业时，可在作业群体两端分别设置现场防护员，负责全体作业人员的安全防护。

（5）同小组的作业人员必须同出同回，并严格按照规定的路线图行走，作业期间不得单人离开作业小组。

（6）驻站防护员要先于现场作业人员到达车站行车室，在驻站防护期间要认真掌握列车通过和调车作业情况，并及时通知现场防护人员。

（7）现场防护员要按规定携带防护用具，与作业人员一同到达现场，并及时向驻站防护员报告作业位置，确认无车后方可进行除雪作业；在防护期间要认真监听电台，接到来车报告后及时通知作业人员按规定距离下道避车，如图13-5所示。

图 13-4　线路上除雪作业　　　　　图 13-5　下道避车

（8）使用风力、内燃除雪机的作业小组，要绝对听从小组负责人或现场防护员的指挥，不得擅自上道作业。上道作业时，必须执行一人一机牵绳防护的规定，确保安全防护措施的有效落实。

（9）除雪作业人员必须按照规定着装，确保听觉、视觉不受影响。严禁穿戴连体帽，或无听声孔的防寒帽。防寒帽听声孔尺寸要符合标准并开放。禁止穿大帽钉鞋、塑料底鞋、高跟鞋及易滑鞋，防止发生人身伤害事故。

（10）除雪人员上下道时，必须清点人数，必须向驻站防护员进行登销记。

第四节　冻伤处置和预防煤气中毒措施

冬季进行户外作业，如果防护不当，人体受低温寒冷侵袭时极易伤损，形成冻伤；另外，冬季用煤炉取暖，如用法不当，易发生煤气中毒，因此，克服麻痹思想，掌握预防冻伤、煤气中毒的基本知识十分重要。

一、冻伤处置

（一）冻伤的基本知识

1. 冻伤的概念

冻伤是在寒冷、潮湿和有风的地带工作或劳动时，由于低温寒冷或肌体长时间暴露在寒冷环境下，引起全身或局部温度下降而发生的损伤。多发生于四肢和皮肤外露部位，如手、足、面颊、耳、鼻等。

2. 冻伤的分类

冻伤在临床上分为非冻结性损伤和冻结性损伤两种。根据受伤的程度，把冻伤分为Ⅰ～Ⅲ度。

Ⅰ度（红斑性冻伤）：皮肤浅层冻伤。局部皮肤发白，继后红肿，伴有局部发痒、刺痛、感觉异常。

Ⅱ度（小泡性冻伤）：皮肤全层冻伤。损伤达皮肤深层，局部红肿明显，可有水泡出现，内有血清样或血性液体，疼痛剧烈，数日后水泡干枯，2～3周内形成黑色干痂，脱落后创面愈合。

Ⅲ度（坏死性冻伤）：皮肤和皮下组织冻伤。其损伤达皮肤深层、皮下组织或肌肉骨骼，损伤部位呈紫黑色，感觉消失，周围组织水肿，疼痛剧烈，创面愈合慢，常留下疤痕与功能障碍。

在冻伤的患者中，最严重的为冻僵者。所谓冻僵，是指由于低温寒冷或肌体长时间暴露在寒冷环境下所引起的全身性的损伤。全身冻伤初期表现为寒战、皮肤苍白、冰冷、呼吸、心跳加快、反应迟钝、神志不清、全身肌肉关节僵硬，直至呼吸和循环衰竭，如不及时抢救，常会危及生命。不过，像这种冻僵患者在临床上较少见，家庭中以冻疮、冻伤Ⅰ~Ⅱ度最为常见。

（二）冻伤处置

1. 急救和治疗原则

（1）迅速脱离寒冷环境，防止继续受冻。

（2）抓紧时间尽早快速复温。

（3）局部涂敷冻伤膏。

（4）改善局部微循环。

（5）抗休克，抗感染和保暖。

（6）应用内服活血化瘀等药物。

（7）未能分清Ⅱ、Ⅲ度冻伤者按Ⅲ度冻伤治疗。

（8）冻伤的手术处理，应尽量减少伤残，最大限度地保留尚有存活能力的肢体功能。

2. 快速复温

尽快使伤员脱离寒冷环境后，如有条件，应立即通过温水快速复温，复温后在充分保暖的条件下后护送。如无快速复温条件，应尽早护送，护送途中应注意保暖，防止出现外伤，到达医疗单位后应立即进行温水快速复温。特别对于救治仍处于冻结状态的Ⅱ、Ⅲ度烧伤，快速复温是效果最显著而关键的措施。

具体方法：将冻肢浸泡于 42 ℃（不宜过高）温水中，至冻区皮肤转红，尤其是指（趾）甲床潮红，组织变软为止，时间不宜过长。对于颜面冻伤，可用 42 ℃ 的温水浸湿毛巾，进行局部热敷。在无温水的条件下，可将冻肢立即置于自身或救护者的温暖体部，如腋下、腹部或胸部，以达复温的目的。救治时严禁火烤、雪搓，冷水浸泡或用猛力捶打患部。

3. 改善局部微循环

Ⅲ度冻伤初期可应用低分子右旋醣酐，静脉点滴，逐日给药 500 ~ 1 000 mL，维持 7 ~ 10 天，以降低血液黏稠度，改善微循环。必要时也可采用抗凝剂（如肝素）或血管扩张剂（罂粟碱、苄胺唑啉等）。

4. 局部处理

（1）局部用药：复温后立即局部涂敷冻伤外用药膏，可适当涂厚些，指

（趾）间均需涂敷，并以无菌敷料包扎，每日换药 1~2 次，面积小的Ⅰ、Ⅱ度冻伤，可不包扎，但注意保暖。可供使用的冻伤膏有呋喃西林霜剂、呋喃西林、考地松霜剂、右旋醣酐霜剂等。

（2）水疱的处理应在无菌条件下抽出水疱液，如果水疱较大，也可低位切口引流。

（3）感染创面和坏死痂皮的处理，感染创面应及时引流，防止痂下积脓，对坏死痂皮应及时蚕食脱痂。

（4）及时清除坏死痂皮的处理，肉芽创面新鲜后尽早植皮，消灭创面。早期皮肤坏死形成干痂后，对于深部组织的生活能力情况，往往不易判断，有时看来肢端已经坏死，但脱痂后露出肉芽创面（表明深部组织未坏死），经植皮后痊愈。因此，对冻伤后是否截肢应取慎重态度，一般认其自行分离脱落，尽量保留有活力的组织，必要时可进行动脉造影，以了解肢端血液循环情况。

（5）预防严重冻伤感染时应口服或注射抗生素。常规进行破伤风预防注射。

二、预防煤气中毒措施

无色无味的煤气被称为"沉默的杀手"，煤气中毒，其实就是一氧化碳中毒。

（一）一氧化碳中毒

一氧化碳中毒是含碳物质燃烧不完全时的产物经呼吸道吸入引起的中毒。中毒机理是一氧化碳与血红蛋白的亲和力比氧与血红蛋白的亲和力高 200~300 倍，所以一氧化碳极易与血红蛋白结合，形成碳氧血红蛋白，使血红蛋白丧失携氧的能力和作用，造成组织窒息。对全身的组织细胞均有毒性作用，尤其对大脑皮质的影响最为严重。当人们意识到已发生一氧化碳中毒时，往往已为时已晚。因为支配人体运动的大脑皮质最先受到麻痹损害，使人无法实现有目的的自主运动，使手脚已不听使唤。所以，一氧化碳中毒者往往无法进行有效的自救。

（二）一氧化碳中毒症状

（1）轻度：头痛、头晕、心慌、恶心、呕吐症状。

（2）中度：面色潮红、口唇樱桃红色、多汗、烦躁、逐渐昏迷。

（3）重度：神志不清、呼之不应、大小便失禁、四肢发凉、瞳孔散大、血压下降、呼吸微弱或停止、肢体僵硬或瘫软、心肌损害或心律失常。

（4）发现时间过晚，吸入煤气过多，或在短时间内吸入高浓度的一氧化碳，血液碳氧血红蛋白浓度常在 50%以上，病人呈现深度昏迷，各种反射消失，大小便失禁，四肢厥冷，血压下降，呼吸急促，会很快死亡。一般昏迷时间越长，愈后越严重，常留有痴呆、记忆力和理解力减退、肢体瘫痪等后遗症。

（三）现场急救

当发现有人一氧化碳中毒后，救助者必须迅速按下列程序时行救助：

（1）因一氧化碳的比重比空气略轻，故浮于上层，救助者进入和撤离现场时，如能匍匐行动会更安全。进入室内时严禁携带明火，尤其是开放煤气自杀的情况，室内煤气浓度过高，按响门铃、打开室内电灯产生的电火花均可引起爆炸。

（2）进入室内后，应迅速打开所有通风的门窗，如能发现煤气来源并能迅速排出的则应同时控制，如关闭煤气开关等，但绝不可为此耽误时间，因为救人更重要。

（3）迅速将中毒者背出充满一氧化碳的房间，转移到通风保暖处平卧，解开衣领及腰带以保证其呼吸顺畅。同时呼叫救护车，随时准备送往有压氧舱的医院抢救，如图 13-6 所示。

图 13-6　现场急救

（4）在等待运送车辆的过程中，对于昏迷不醒的患者可将其头部偏向一侧，以防呕吐物误吸入肺内导致窒息。为促其清醒可用针刺或用指甲掐其人中穴。若其仍无呼吸则需立即开始口对口进行人工呼吸。必须注意，对一氧化碳中毒的患者这种人工呼吸的效果远不如医院高压氧舱的治疗有用。因而对昏迷较深的患者，不应立足于就地抢救，而应尽快送往医院，但在送往医院的途中人工呼吸绝不可停止，以保证大脑的供氧，防止因缺氧造成的脑神经不可逆性坏死。

（四）预防一氧化碳中毒

（1）合理使用煤炉，装上烟筒并使其完整，伸向窗外的部分要加上防风帽，煤炉、烟筒一定要密封。白天用煤炉时要打开窗户，让空气流通，晚上要熄灭炉火，否则不可把门窗关严，每2～3个月要清扫1次烟筒，以防烟灰堵塞烟筒，影响煤气出路。有条件要安装换气扇（图13-7）。

图 13-7　预防一氧化碳中毒

（2）选择符合国家有关标准的用气设备（燃气燃烧器具），不要使用直排式热水器等已淘汰的产品以及超过使用年限的用气设备（燃气燃烧器具）。在使用用气设备（燃气燃烧器具）前应仔细阅读产品说明书，使用时严格按产品说明书要求进行操作，切忌长时间连续使用。做好冬季室内的通风。冬季较为寒冷，保暖密封条件较好的用户，尤应注意在使用燃气时先将厨房门窗、排风扇打开，使空气得到流通。如果通风不足，燃气燃烧不完全，会产生一氧化碳，使人窒息，危及人的生命。

（3）用完燃气设备后必须检查灶具和管道阀门是否关闭。定期检查胶管是否牢固，并及时更换老化胶管。最好做到每年更换一次。不要在有煤气设施的房间睡觉，比如装修时将厨房改成卧室。烧水要有专人看护，水不要装得太满，以免水溢出将炉火浇灭。使用电子灶炉时要在听到点火的声音后检查是否打着了火。不能私自改变煤气设施的用途，需要改变煤气管线的，须向煤气管理处申请，由专人负责安装，并对改装后的设施进行科学压力测试。

复习思考题

1．冬季职工上班前的有关要求有哪些？

2．冬季在站场上作业及行走时的安全要求有哪些？

3．除雪作业对防护有什么要求？

4．除雪作业往返现场如何行走？

5．什么是冻伤？

6．冻伤是如何分类的？

7．冻伤如何处理？

8．如何预防一氧化碳中毒？

9．一氧化碳中毒后如何处理？

第十四章　职业健康

我国职业病防治工作坚持"预防为主、防治结合"的方针，建立单位负责、行政机关监管、行业自律、职工参与和社会监督的机制，实行分类管理、综合治理。为贯彻落实《中华人民共和国职业病防治法》的相关要求，保护劳动者健康，本章从铁路常见职业病类型，职业病危害因素的分类、识别，职业病的预防原则与预防措施，劳动者心理卫生健康等 4 个方面介绍职业病危害因素的防治相关知识。

第一节　铁路常见职业病类型

本节主要阐述国家法定职业病的分类，并结合铁路特有工种，使职工通过学习，了解铁路作业中可能存在的职业病种类。

一、职业病的概念

《中华人民共和国职业病防治法》明确规定，职业病是指企业、事业单位和个体经济组织等用人单位的劳动者在职业活动中，因接触粉尘、放射性物质和其他有毒、有害因素而引起的疾病。

二、职业病的分类和目录

职业病的分类和目录由国务院卫生行政部门会同国务院安全生产监督管理部门、劳动保障行政部门制定、调整并公布。

国家卫生部、劳动和社会保障部公布的职业病分类和目录包括 10 大类，132 种职业病，包括尘肺 19 种，职业性放射性疾病 11 种，职业性化学中毒 60 种，物理因素所致职业病 7 种，生物因素所致职业病 3 种，职业性皮肤病 9 种，职业性眼病 3 种，职业性耳鼻喉口腔疾病 4 种，职业性肿瘤 11 种，其他职业病 3 种。

（1）尘肺类，包括：矽肺、煤工尘肺、石墨尘肺、炭黑尘肺、石棉肺、滑石尘肺、水泥尘肺、云母尘肺、陶工尘肺、铝尘肺、电焊工尘肺、铸工尘肺、根据《尘肺病诊断标准》和《尘肺病理诊断标准》可以诊断的其他尘肺、过敏性肺炎、棉尘病、哮喘、金属及其化合物粉尘肺、沉着病（锡、铁、锑、钡及其化合物等）、刺激性化合物所致慢性阻塞性肺疾病、硬金属病。

（2）职业性放射性疾病，包括外照射急性放射病、外照射亚急性放射病、外照射慢性放射病、内照射放射病、放射性皮肤疾病、放射性肿瘤、放射性骨损伤、放射性甲状腺疾病、放射性性腺疾病、放射复合伤、根据《职业性放射性疾病诊断标准（总则）》可以诊断的其他放射性损伤。

（3）职业性化学中毒，包括铝及其他化合物中毒、汞及其化合物中毒等60 种。

（4）物理因素所致职业病，包括中暑、减压病、高原病、航空病、手臂振动病、激光所致（角膜、品状体、视网膜）损伤、冻伤等。

（5）生物因素所致职业病，包括炭疽、森林脑炎、布氏杆菌病等。

（6）职业性皮肤病，包括接触性皮炎、光敏性皮炎、电光性皮炎、黑变病、痤疮、溃疡、化学性皮肤灼伤、根据《职业性皮肤病诊断标准（总则）》可以诊断的其他职业性皮肤病。

（7）职业性眼病，包括化学性眼部灼伤、电光性眼炎、职业性白内障（含辐射性白内障、三硝基甲苯白内障）。

（8）职业性耳鼻喉口腔疾病，包括噪声聋、铬鼻病、牙酸蚀病。

（9）职业性肿瘤，包括石棉所致肺癌、间皮瘤，联苯胺所致膀胱瘤，苯所致白血病，氯甲醚所致肺癌，砷所致肺癌、皮肤癌，氯乙烯所致肝血管肉瘤，焦炉工人肺癌，铬酸盐制造业工人肺癌。

（10）其他职业病，包括金属烟热、职业性哮喘、职业性变态反应性肺泡炎、棉尘病、煤矿井下工人滑囊炎。

三、铁路常见职业病

铁路技术工种分工详细，其中约有 80 多个特有工种。部分铁路的特有工种由于工作中使用的原辅材料、作业环境或生产工艺等各方面因素和特点导致可能存在各种类型的职业病危害，具体见表 14-1。

表 14-1 铁路常见职业病示例表

系统	工种	主要职业病危害因素	可能导致的职业病
通用	溶接工	电焊烟尘、高温、紫外辐射等	电焊尘肺、中暑等
	机床工、车工、磨工、刨工、铣工、钳工等	噪声	噪声聋
	电焊工	电焊烟尘、高温、紫外辐射等	电焊尘肺、中暑等
	锻工	高温、噪声	噪声聋、中暑
	木工	木粉尘、噪声	尘肺、噪声聋
机务	机车司机	噪声	噪声聋
	机车机械机修工	噪声、电焊烟尘、高温、紫外辐射、苯系物等	噪声聋、电焊尘肺、中暑等
	机车电气装修工、电机车装配工等	噪声	噪声聋
供电	电气试验员等	工频电场	
工务	线路工	高温	中暑
	桥隧工	高温、苯系物等	中暑等
	钢轨焊接工	电焊烟尘、高温、紫外辐射等	电焊尘肺、中暑等
电务	信号工、驼峰信号工等	微波	——
车务	装卸工	装卸中接触的各种化学物质	视装卸中接触的各种化学物质而定
车辆	车辆钳工	噪声	噪声聋
	铁路车辆机械制修工	噪声、电焊烟尘、高温、紫外辐射、苯系物等	噪声聋、电焊尘肺、中暑等
	罐车清洗工	高温	中暑

第二节　有害因素辨识

本节主要介绍职业病危害因素在生产活动中可能存在的环节，以及职业病危害因素的几种常见识别方法，使职工通过学习，了解日常生产活动中可能存在的职业病危害因素。

（一）职业病危害因素的概念

职业病危害因素是指在职业活动中产生或存在的、可能对职盘人群健康、安全和作业能力造成不良影响的因素条件，包括化学、物理、生物等因素。

（二）职业病危害，因素的分类

工作场所中的职业病危害因素按其来源可分为下列三类：

1. 生产工艺过程中产生的有害因素

（1）化学因素。

①生产性毒物：如电焊作业中存在的锰烟及铜烟，检修时刷漆、补漆作业中存在的苯系物等。

②生产性粉尘：如电焊作业中存在的电焊烟尘，造型、浇铸作业中存在的砂尘，打磨及抛光作业中存在的砂轮磨尘等。

（2）物理因素。

包括噪声、振动、电离辐射（如 X 射线、Y 射线）、非电离辐射（如紫外线、微波辐射）、异常气象条件（如高温、高湿、低温）和异常气压（如高气压、低气压）等。

（3）生物因素。

如炭疽杆菌、真菌、生物传染性病原体等。

2. 劳动过程中的有害因素

（1）劳动组织和制度不合理，劳动作息制度不合理等。

（2）职业性精神（心理）紧张。

（3）劳动强度过大或生产定额不当，不能合理地安排与劳动者身体状况相适应的作业。

（4）个别器官或系统过度紧张，如视力紧张等。

（5）长时间处于不良体位或姿势，或使用不合理的工具进行劳动等。

3. 生产环境中的有害因素

（1）厂房建筑或布局不合理：如采光照明不足，通风不畅，有毒与无毒、高毒与低毒作业安排在同一车间内进行。

（2）作业环境空气遭到污染。

三、 职业病危害因素的识别

职业病危害因素识别的方法很多，常用的有类比法，对照、经验法，系统工程分析法和检测、检验法等。

1. 类比法

进行类推的识别方法。

（1）工程一般特征的相似性，包括工艺路线、生产方法、原辅材料、产品结构、生产规模等。

（2）职业卫生防护设施的相似性，包括有害因素产生途径、浓度（强度）与防护措施等。

（3）环境特征的相似性，主要包括气象条件、地理条件等。

2. 对照经验法

依据掌握的相关专业知识和实际工作经验，对照职业卫生有关法律、法规、标准等，借助自身经验和判断能力，对生产过程中存在的职业病危害因素进行识别、分析。

3. 系统工程分析法

系统工程分析法是采用工程分析的思路和方法全面、系统地分析生产过程中产生的职业病危害因素。通过分析用人单位的概况、选址、建筑物、总平面图、生产原辅材料、中间品、产品、主要生产工艺、生产设备和其布局及所采取的职业病危害防护设施等，对可能产生的职业病危害因素进行系统、全面地分析和判断。

4. 检测、检验法

检测、检验法是利用仪器对工作场所可能存在的职业病危害因素进行采样分析的方法。

第三节　相关职业病预防措施

我国职业病防治工作坚持"预防为主，防治结合"的方针，建立用人单位负责、行政机关监管、行业自律、职工参与和社会监督的机制，实行分类管理、综合治理。

一、分级预防

职业病的预防遵循"三级"预防原则，即病因预防（群体）、临床前期预防（群体）、临床预防（个体）。

（一）一级预防：病因预防（群体）

从根本上着手，使劳动者尽可能不接触职业性有害因素，或将作业场所有害因素水平控制到卫生标准允许限度内。

具体措施如下：

（1）进行技术革新，改革生产工艺。如以无毒或低毒的物质代替有毒或剧毒的物质，以低噪声设备代替高噪声设备等。生产过程实现机械化、自动化，从而减少工人与职业病危害因素接触的机会。

（2）通过采取通风、排毒、降噪、隔离等技术性措施来降低或消除职业病危害因素。

（3）对新建、改建、扩建和技术改造项目、技术引进项目进行"三同时"审查，确保这些项目完成后有害因素的浓度或强度符合国家相关标准。

（4）加强生产设备的管理，防止毒物的跑、冒、滴、漏污染环境。

（5）制订和严格遵守安全操作规程，防止发生意外事故。

（6）合理安排休息制度，注意营养，增强机体对有害物质的抵抗能力。

（7）对接触生产性有害作业的工人，进行岗前职业健康检查，及早发现禁忌证及职业病患者，及早进行处理。

（8）为作业人员提供配套的个体防护设施，监督其佩戴个体防护用品。

一级预防的大致示意图如图 14-1 所示。

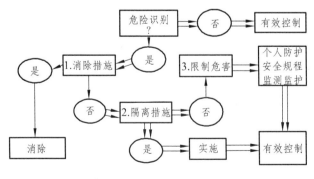

图 14-1　一级预防示意图

（二）二级预防：临床前期预防（群体）

通过早期发现、早期诊断、早期治疗以防止病损的发展。

具体措施如下：

（1）对接触生产性有害作业的工人，进行定期在岗职业健康检查，明确诊断，及时治疗。

（2）根据国家制定的一系列卫生标准，定期检测作业环境中生产性有害因素的浓度或强度，及时发现问题，及时解决。

（3）根据国家相关部门制订的标准，定期进行作业场所职业病危害现状评价，对作业场所进行总体评估。

（三）三级预防：临床预防（个体）

使患者在明确诊断后，得到及时、合理的处理，防止疾病恶化及复发，防止劳动能力丧失。对慢性职业病患者，通过医学监护、预防并发症和伤残，通过功能性和心理康复治疗，做到病而不残，残而不废，达到延长寿命的目的。

二、铁路职业病预防措施

铁路职业病预防措施如表 14-2 所示。

表 14-2　铁路职业病预防措施示例表

部门	工种	一级预防措施	二级预防措施
通用	烙接工	1. 使用低锰焊条取代高锰焊条； 2. 作业时注意通风排毒； 3. 制定有效的操作规程和个人防护措施； 4. 对职工定期进行职业健康检查； 5. 配备合格的个人防护用品	1. 定期进行在岗职业健康检查； 2. 定期检查岗位通风排毒设施的运行情况，确保有效运转； 3. 定期对岗位产生的危害因素浓度进行检测及评价
	机床工、车工、磨工、倒工、铣工、钳工等	1. 制定有效的操作规程和个人防护制度； 2. 对职工定期进行噪声体检； 3. 配备合格的护耳器	1. 定期进行在岗噪声体检 2. 定期对岗位产生的噪声强度进行检测与评价

部门	工种	一级预防措施	二级预防措施
	电焊工	1. 使用低锰焊条取代高锰焊条； 2. 作业时注意通风排毒； 3. 制定有效的操作规程和个人防护制度； 4. 对职工定期进行职业健康检查； 5. 配备合格的个人防护用品	1. 定期进行在岗职业健康检查； 2. 定期检查岗位通风排毒设施的运行情况，确保有效运转； 3. 定期对岗位产生的危害因素浓度进行检测及评价
	锻工	1. 制定有效的操作规程和个人防护制度； 2. 职工定期进行噪声及高温体检； 3. 配备合格的护耳器； 4. 合理安排休息时间； 5. 高温季节提供清凉饮料	1. 定期进行在岗噪声及高温体检； 2. 定期对岗位产生的噪声及高温强度进行检测与评价
	木工	1. 作业时注意除尘； 2. 制定有效的操作规程和个人防护制度； 3. 对职工定期进行职业健康检查； 4. 配备合格的防尘口罩及护耳器	1. 定期进行在岗职业健康检查； 2. 定期检查岗位除尘设施的运行情况，确保有效运转； 3. 定期对岗位产生的危害因素浓度进行检测及评价
机务段	机车司机	1. 制定有效的操作规程和个人防护制度； 2. 对职工定期进行噪声体检； 3. 配备合格的护耳器	定期进行在岗噪声体检
	机车机械机修工	1. 使用低锰焊条取代高锰焊条； 2. 使用低毒油漆取代高毒油漆； 3. 作业时注意通风排毒； 4. 制定有效的操作规程和个人防护制度； 5. 对职工定期进行职业健康检查； 6. 配备合格的个人防护用品	1. 定期进行在岗职业健康检查； 2. 定期检查岗位通风排毒设施的运行情况，确保有效运转； 3. 定期对岗位产生的危害因素浓度进行检测及评价
	机车电气装修工、电机车装配工等	1. 制定有效的操作规程和个人防护制度； 2. 对职工定期进行噪声体检； 3. 配备合格的护耳器	1. 定期进行在岗噪声体检； 2. 定期对岗位产生的噪声强度进行检测与评价

部门	工种	一级预防措施	二级预防措施
供电段	电气试验员等	制定有效的操作规程和个人防护制度	定期对岗位产生的工频强度进行检测与评价
工务段	线路工	1. 制定有效的操作规程和个人防护制度； 2. 对职工定期进行高温体检； 3. 合理安排休息时间； 4. 高温季节提供清凉饮料	1. 定期进行在岗高温体检； 2. 定期对岗位产生的高温强度进行检测与评价
	桥隧工	1. 制定有效的操作规程和个人防护制度； 2. 使用低毒油漆取代高毒油漆； 3. 作业时注意通风排毒； 4. 对职工定期进行高温及油漆中有毒物质的体检； 5. 合理安排休息时间； 6. 高温季节提供清凉饮料	1. 定期进行在岗高温及油漆中有毒物质的体检； 2. 定期对岗位产生的有害物质浓强度进行检测与评价； 3. 定期检查岗位通风排毒设施的运行情况，确保有效运转
	钢轨焊接工	1. 使用低锰焊条取代高锰焊条； 2. 作业时注意通风排毒； 3. 制定有效的操作规程和个人防护制度； 4. 对职工定期进行职业健康检查； 5. 配备合格的个人防护用品	1. 定期进行在岗职业健康检查； 2. 定期检查岗位通风排毒设施的运行情况，确保有效运转； 3. 定期对岗位产生的危害因素浓度进行检测及评价
车务段	装卸工	装卸中接触的各种化学物质	视装卸中接触的各种化学物质面定
车辆段	车辆钳工	1. 制定有效的操作规程和个人防护制度； 2. 对职工定期进行噪声体检； 3. 配备合格的护耳器	1. 定期进行在岗噪声体检； 2. 定期对岗位产生的噪声强度进行检测与评价
	铁路车辆机械制修工	1. 使用低锰焊条取代高锰焊条； 2. 使用低毒油漆取代高毒油漆； 3. 作业时注意通风排毒； 4. 制定有效的操作规程和个人防护制度； 5. 对职工定期进行职业健康检查； 6. 配备合格的个人防护用品	1. 定期进行在岗职业健康检查； 2. 定期检查岗位通风排毒设施的运行情况，确保有效运转； 3. 定期对岗位产生的危害因素浓度进行检测及评价

部门	工种	一级预防措施	二级预防措施
	罐车清洁工	1. 严格按照密闭空间作业标准，制定有效的操作规程和个人防护制度； 2. 作业时注意通风排毒； 3. 对职工定期进行高温及其他有害物质的体检； 4. 合理安排休息时间； 5. 高温季节提供清凉饮料	1. 定期进行在岗高温及其他有害物质的体检； 2. 定期对岗位产生的有害物质浓强度进行检测与评价； 3. 定期检查岗位通风排毒设施的运行情况，确保有效运转

第四节 心理卫生健康基本知识

在社会里，成年人总是在某一工作单位从事某种劳动与某些有害因素的接触时间虽然短，时间作用不是很明显，但却具有慢性刺激的不良影响。

一、产生心理异常的原因

1. 劳动自身的因素

简单、重复操作容易引起抑制和疲劳，因为它违背了人的追求新颖、寻求刺激的基本需要。

变动频繁、无章可循的工作，造成生活节律紊乱，容易引起睡眠障碍、精神不安、食欲缺乏等症状。昼、夜倒班者要经过较长时间来调节适应。

工作无计划、没有心理准备，全凭上级的临时指挥，难以发挥主动精神，容易引起疲劳和厌倦。

紧张、危险的工作，注意力持续高度集中，心理过度紧张，责任感压力过重，易罹患神经症、哮喘、指震颤和痉挛、消化不良，消化性溃疡和慢性皮肤病。

隔离和孤独的环境（高山。单仪表观察等），生活寂寞、单调，容易导致疲劳和厌倦。

环境污染（如超量的噪声、振动、粉尘、气味、高温、冷冻、潮湿等理化刺激的延续），会影响人的生理和心理状态，改变人的情绪和行动。例如，噪声会影响人对信息的感知和情绪，改变一个人的智能和操作反应能力，导致失误。还应指出，那些突然来临的噪声对人的干扰更为严重。

2. 生理疲劳与心理疲劳

生理因素和心理因素是交互作用的。心理上的疲劳往往会加重生理上的疲劳。强体力劳动，如高温环境的工种，如果业余生活只用于恢复生理疲劳，而没有足够的文体活动，便会加重心理疲劳。某些药物对消除疲劳和调节厌倦情绪有积极效应，但不能解决根本问题，甚至会产生对药物的依赖性。心理上的不满、烦恼，可增加易疲劳感，并使厌倦情绪加重。

3. 人与工作的相互适应

这涉及了两方面问题，一方面是工作特点对进行这种工作的人员要求。一个人如果长期地不能满足和适应工作的要求，如不能胜任某一岗位职务，就会产生强烈的持久的心理应激，严重时亦可与其他因素共同作用使人患病。另一方面是作为具有某种个性心理特征的人对工作是否满意。人的需要是多方面的、多层次的，不单只是为了谋求物质资料而工作，还有更多、更高的社会和精神的需要。

二、职业性疲劳的阶段划分

职业性疲劳划分为三种阶段。

在第一阶段上，疲劳表现为精神不振、困倦、打盹等。这时仍能够在提高工作兴趣的情况下，用意志力量控制自己以保持原有的工作水平。当然，如果硬性地在这种疲劳状态下长时间坚持工作，将会引起"疲劳爆发"。

第二阶段的疲劳表现为准确性下降，工作中错误率提高，但工作速度往往仍然可以维持原有的水平。这时的准确性下降无法用意志力和加强外部刺激的办法改善。

第三阶段的疲劳是一种极度的疲劳体验。如果说前两种疲劳只是一种保护性反应，那么第三种疲劳就已经告诉我们：身心已经受到伤害。在这种过度疲劳情况下，工作能力急速下降；人们无法继续工作下去。对工作毫无兴趣，甚至厌倦、憎恨，有的人可能进入歇斯底里状态。

三、避免心理异常发生的方法

1. 倾诉倾倒心理垃圾

心理垃圾在心里积存太久会毒化你的心灵，而牢骚、苦闷、悔恨、怨气、委屈或者愤怒的时候，倾诉就是倒垃圾。因此要学着不沉溺于自己的苦难，做自己的心灵清洁师，只要有勇气敞开心扉，并选择安全的听众，如你的亲友或者心理专家，倾诉会使你受益良多。

2. 转移注意力

过分紧张焦虑，会削弱行为能力，而缺乏有效的行为，又会加重紧张焦虑。因此在紧张不安的时候，可以列一张表，想想在目前的情势之下可以做些什么，然后按轻重缓急将它们排一个顺序，立足一个最主要的目标，着手实施，使自己的全部注意力转移到目标上去。

3. 学会宽容

不要苛求别人，也不为难自己。一般而言，一个人对别人的好不会超过对他自己，这就是人性，超越它是伟大的，遵从它也不该受到责难。较低的期待总是能得到较多的快乐。

4. 常怀感恩之心

感恩父母给予我们生命；感谢家庭给我们幸福；感恩老师教授我们知识；感谢朋友给我们友谊；感谢企业给我们发展平台；感谢陌生人给我们的帮助。常怀感恩之心才能看到社会美好的一面，才能更加积极乐观地工作和生活。

5. 互相帮助

社会支持系统是生活的缓冲垫，人活在社会中，要学着去帮助他人。因为帮助他人可以使你忘却痛苦、增进友谊。也要给他人帮助自己的机会，帮你在困难的时候渡过难关。

6. 学会等待

伤心、痛苦都是暂时的，在走厄运时，要耐心等待转机出现；让时间把伤痛愈合；在冲动的时候，要等待理性恢复，避免在冲动时做出决策；也要在等待中积累充实资源，做到厚积而薄发。

7. 懂得妥协

人要懂得妥协，妥协后会发现，人生并不是只有这一条路可以走。

8. 抛开心理包袱

人要有所为，有所不为，有所舍才能有所得，所以要先专注于最重要且紧迫的事物。也要知道让他人为你分担，是给他人成长的机会。掌握三种智慧：懂得什么时候应坚守，什么时候应放弃自己，什么时候应撤离战场。

9. 拓展心理空间

过分专注于繁杂的事务会使内心过于拥挤，健康的心灵需要有自由的空间。不妨培养点自己的爱好：运动、音乐、书法、旅行等，用心地体验亲情、友情与爱情，左右事情而不要被事情所左右。

复习思考题

1．什么叫职业病？
2．我国法定职业病有多少种？具体有哪几大类？
3．什么叫职业病危害因素？具体有哪几类？
4．职业病危害因素的识别方法有哪几种？
5．职业病的三级预防原则是什么？
6．病因预防的具体措施包括哪些？
7．产生心理异常的原因有哪些？
8．如何才能有效避免心理异常？

第十五章　现场急救

随着现代化进程的加快，损伤发生率逐年增高。我国每年的事故伤亡人数较多，若伤员在专业人员到达现场前便获得初步的救护，可有效地减少伤亡率。

第一节　现场急救的基本概念

现场抢救是指一些意外伤害、急重病人在到达医院前得到的及时有效的急救措施。目的是挽救生命，减少伤残和痛苦，为进一步救治奠定基础。

一、现场急救的主要任务

现场急救的主要任务是抢救生命、减少伤员痛苦、预防并发症，正确而迅速地把伤病员转送到医院。

二、现场急救的基本程序

（一）现场评估与呼救

1. 现场评估

（1）评估造成事故、伤害及发病的原因，是否存在对救护者、患者和围观者造成伤害的危险环境。

（2）评估危重病情，包括对意识、气道、呼吸、循环等几方面的评估。

2. 紧急呼救

（1）救护启动：这是被国际上列为抢救危重患者的"生存连"中的第一步，即早期呼救。启动 EMSS，急救信息中枢根据患者病情和所处位置发出指令。

（2）电话呼救："120"是我国统一实施的医疗急救电话号码，应广泛宣传教育广大民众记住呼救电话号码。

（二）现场急救

针对伤情采取合适的现场急救措施，以下是现场急救的原则。

（1）先排险后施救。在现场救护前先评估现场环境，排险后再施救。

（2）先重伤后轻伤。优先抢救危重患者，后抢救较轻者。

（3）先复苏后固定。遇有呼吸心搏骤停又有骨折者。应先进行心肺复苏术，直至呼吸、心跳恢复后，再固定骨折。

（4）先止血后包扎。大出血后并有伤口者，首先立即采取指压法、止血带止血法等进行止血，再消毒伤口进行包扎。

（5）先急救后转运。对垂危重伤病员，先进行现场的初步处理后，才可在医疗监护下转运至医院，途中不要停止抢救措施，继续观察病情变化，少颠簸，注意保暖，快速平安抵达目的地。

（6）急救与呼救并重。有多人在现场或遇有成批伤病员时，救护与呼救同时进行。只有一人在场的情况下，应先施救，后在短时间内拨打电话呼救。

第二节　铁路作业常见伤害的急救方法

一、止　血

人体血量大约占体重的8%，如体重50 kg，则约有4 000 mL血液。急性出血时，若短时间内血液流失达到全身血量的 1/4～1/3，就有生命危险。因此，争取时间进行有效止血，对挽救伤员的生命具有非常重要的意义。

出血可分为外出血和内出血。血管破裂后，血液流出体外称为外出血；血液流入组织、脏器或腹腔内，称为内出血。急性创伤性大量出血是伤后早期死亡的主要原因之一。因此，必须迅速采取有效的止血措施。根据出血的血管种类，出血可分动脉出血、静脉出血、毛细血管出血3种。

（1）动脉出血：血色鲜红，出血呈喷射状，危险性最大。

（2）静脉出血：血色暗红，血流较缓慢，呈持续性，危险性较大。

（3）毛细血管出血：血色鲜红，血从伤口渗出，常可在自动凝固前止血，危险性较小。

以下是急救方法。

（一）压迫止血法

压迫止血是最常用的止血方法。以下是常用的方法。

1. 直接压迫

小伤口出血，直接压迫出血部位，即可达到应急止血的目的，然后再视情况和条件做进一步处理。

2. 指压止血法

指抢救者用手指把出血部位近端的动脉血管压在骨骼上，使血管闭塞，血流中断而达到止血目的。常见部位的指压止血如下：

（1）面部出血。

① 耳屏前压迫颞浅动脉，可止住头侧颞部出血（图15-1）。

② 在下颌骨下缘、咬肌前压迫面动脉止血，可制止同侧面部出血（图15-2）。

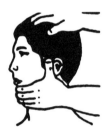
图 15-1　压迫颞浅动脉

图 15-2　压迫面动脉

（2）头面部出血。

单用拇指或 2、3、4 指同时在同侧胸锁乳突肌前缘中点向后将颈动脉压向第 6 颈椎棘突，对抑制头皮和颈部出血有效（图15-3）。

图 15-3　压迫颈动脉

（3）上肢出血。

①肩部、腋窝、上臂出血。在同侧锁骨上窝中部锁骨下动脉搏动明显处向下压、向第一肋骨进行止血（图15-4）。

②上臂出血。上肢外展用四指压迫上臂内侧肱动脉血管（图15-5）。

图 15-4　压迫锁骨下动脉　　　　　图 15-5　压迫肱动脉

③前臂出血。在肘关节上方肱二头肌内侧沟中部止血（图15-6）。

④手部出血。于腕横纹上方用双手拇指分别压迫尺、桡动脉止血（图15-7）。

图 15-6　压迫肱动脉　　　　　　　图 15-7　压迫尺、桡动脉

（4）下肢出血。

①大腿及以下的动脉出血。在腹股沟韧带中点下方的卵圆窝处用力压迫股动脉止血（图15-8）。

图 15-8

②足部出血。根据出血范围可以分别或同时压迫胫前动脉、胫后动脉止血（图15-9）。

图 15-9

3. 加压包扎止血

在出血处放置敷料或伤口内填塞敷料后，用绷带加压包扎，适用于出血量小的毛细血管或静脉出血（图 15-10）。

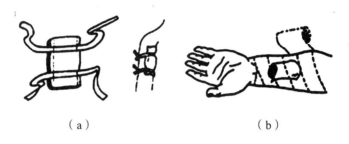

（a） （b）

图 15-10 敷料加压包扎加压止血

4. 屈肢加垫压迫止血

用厚敷料折叠或绷带卷做垫置于关节处，屈曲关节垫子压迫通过关节处动脉，达到止血目的（图 15-11）。

图 15-11

（二）止血带止血法适用于四肢出血的止血

1. 制式止血带法

制式止血带法即乳胶管制备的止血带止血，一般在距出血部位 5 ~ 10 cm 的近心端缠绕止血带，上止血带的方法见图 15-12。

（a）　　　　　　（b）　　　　　　（c）　　　　　　（d）

图 15-12

2. 布带绞紧止血法

（1）具体步骤。

用宽度大于 3 cm、长度大于要止血部位肢体周径 10 cm 的布带 2 条，直径大于 1 cm、长度 10 cm 左右的木棍（笔杆也可）1 根。止血时先用 1 根布带在止血部位绕肢体一周后打一死结，然后插入木棍，提起木棍旋转施压，直到出血停止，再用另一根布带将木棍打死结固定于肢体（图 15-13）。

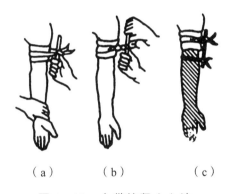

（a）　　　　（b）　　　　　（c）

图 15-13　布带绞紧止血法

（2）注意事项。

① 上止血带前，皮肤与止血带之间应加一层布垫。

② 上止血带要松紧适宜，以能止住出血为度。

③ 上止血带的部位要尽可能靠近伤口。一般情况上肢出血扎在上臂的上 1/3 处（中 1/3 处容易损伤桡神经），下肢出血扎在大腿中、上 1/3 交界处。

④ 上止血带过久，容易引起肢体坏死，因此每隔 40 ~ 50 min 皮放松一次，每次放松 2 ~ 3 min。必须注意，放松止血带时要在伤口处加压，以防止血带放松后引起猛烈出血。

⑤ 运送伤员时，要有明显标志，并注明上止血带与放松止血带的时间。

二、骨　折

骨折是指骨的完整性或连续性完全或部分中断。现场处理不当常可导致血管、神经损伤等并发症出现。

急救方法：对于已骨折和怀疑存在骨折的患者，应做好固定，以防止骨折断端移位，造成其他严重损伤，固定的材料有制式夹板（竹木制品、金属制品、聚酯材料制品等），必要时也可就地取材（树枝、木板等）。

（一）不同部位骨折的基本固定方法

1. 锁骨骨折绷带"8"固定法

锁骨骨折绷带"8"固定法见图 15-14。

图 15-14　锁骨骨折绷带"8"固定法

2. 上臂的固定（图 15-15）

病人手臂屈肘 90°，用两块夹板固定伤处，一块放在上臂内侧，另一块放在外侧，然后用绷带固定。固定好后，用绷带或三角巾悬吊伤肢。

3. 前臂的固定（图 15-16）

（1）病人手臂屈肘 90°，用两块夹板固定伤处，分别放在前臂内外侧，再用绷带缠绕固定。

图 15-15　上臂骨折小夹板固定法　　　图 15-16　前臂骨折固定法

228

（2）固定好后，用绷带或三角巾悬吊伤肢。

（3）如果没有夹板，可利用三角巾加以固定。三角巾上放杂志或书本，前臂置于书本上即可。

4. 大腿的固定（图15-17）

（1）将伤腿伸直，夹板长度上至腋窝，下过足跟，两块夹板分别放在大腿内外侧，再用绷带或三角巾固定。

（2）如无夹板，可利用另一未受伤的下肢进行固定。

图 15-17

5. 小腿的固定（图15-18）

（1）将伤腿伸直，夹板长度上过膝关节，下过足跟，两块夹板分别放在小腿内外侧，再用绷带或三角巾固定。

（2）如无夹板，可利用另一未受伤的下肢进行固定。

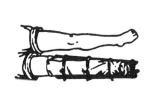

图 15-18

6. 骨盆骨折固定（图15-19）

将一条带状三角巾的中段放于腰骶部，绕髋前至小腹部打结固定，再用另一条带状三角巾中段放于小腹正中，绕髋后至腰骶部打结固定。

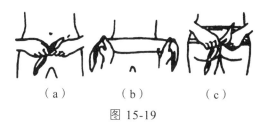

（a）　　　（b）　　　（c）

图 15-19

7. 颈椎骨折固定（图 15-20）

伤员仰卧，在头枕部垫一薄枕，使头部不要前屈或后仰，再在头的两侧各垫枕头服卷，最后用一条带子通过伤员额部固定头部，限制头部前后左右晃动。

图 15-20

8. 胸椎、腰椎骨折固定（图 15-21）

使伤员平直仰卧在硬质木板或其他板上，在伤处垫一薄枕，使脊柱稍向上突，然后用几条带子把伤员固定，使伤员不能左右转动。

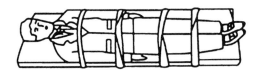

图 15-21　胸椎、腰椎骨折固定法

（二）骨折固定的注意事项

（1）有开放性的伤口应先止血、包扎，然后固定。如有危及生命的严重情况先抢救，病情稳定后再固定。

（2）怀疑脊椎骨折、大腿或小腿骨折，应就地固定，切忌随便移动伤员。

（3）固定应力求稳定牢固，固定材料的长度应超过固定两端的上下两个关节。小腿固定，固定材料长度超过踝关节和膝关节；大腿固定，长度应超过膝关节和髋关节；前臂固定，长度超过腕关节和肘关节；上臂固定，长度应超过肘关节和肩关节。

（4）夹板和代替夹板的器材不要直接接触皮肤，应先用棉花、碎布、毛巾等软物垫在夹板与皮肤之间，在肢弯曲处等间隙较大的地方，要适当加厚垫衬。

（5）松紧适宜，不因固定而影响远端的血液循环；四肢末梢未受伤时要保持暴露以便于观察血液循环情况。

三、头部损伤

头部损伤指暴力作用于头颅引起的损伤。约占全身损伤的 15% ~ 20%，仅次于四肢损伤，是致残率及病死率均居首位的重要损伤。常由各种交通或工矿事故、自然灾害、跌倒、坠落、爆炸、火器伤以及锐器或钝器对头部的伤害引起。头部损伤可分为头皮损伤、颅骨损伤、脑损伤，三者可单独或合并存在。头皮损伤根据致伤原因和表现特点可分为头皮血肿、头皮裂伤和头皮撕脱伤。

急救措施如下：

（1）应让伤者安静卧床，头不要乱动。头皮损伤患者早期可冷敷，以减轻出血和疼痛，48 h 后改用热敷，以促进血肿吸收；血肿较大时，将血肿穿刺和加压包扎；有伤口时应压迫止血、包扎伤口；头皮撕脱伤时在现场除了包扎伤口外，还应妥善保护撕脱下来的头皮，将其用无菌敷料或清洁布单包裹，装入塑料袋内，再放置于有冰块的容器中，随伤员一起送往医院。

（2）要注意观察病人病情，当出现下述情况之一时就应立即送医院治疗。① 受轻微伤却失去意识的病人。② 眼睛周围、鼻子、耳朵有出血现象的病人。③ 受伤后发生恶心、呕吐的病人。④ 意识逐渐模糊的病人。⑤ 产生痉挛、麻痹、出现语言障碍的病人。⑥ 剧烈头痛的病人。

四、肢体离断

肢体离断即强大暴力使人体组织导致广泛而严重的破坏并断离。常见于爆炸、高空坠落、建筑物倒塌或火车碾压等所致的复合性损伤。离断发生时患者常遭受剧烈疼痛、大量失血、精神紧张，处理不及时可引起休克、肢体失活。

急救方法如下：

（1）止血和全身支持治疗离断伤出血多时，应迅速采取止血措施。

（2）做好断肢（指）体的处理

① 不完全离断的肢体应使用夹板制动，以避免转运时进一步损伤组织。

② 完全离断的肢体离断的近端应用清洁敷料加压包扎，最好不用止血带。对必须使用止血带者，应每小时放松止血带一次。完全离断肢体的远端，应

使用无菌敷料或用清洁的布料、毛巾等包裹。如现场离医院较远，转运的时间较长或在炎热的季节，为了减慢离断组织的代谢和细菌繁殖，肢体应保存在低温的环境中，方法是将离断肢体用清洁布料包裹后，再用塑料袋或橡皮袋包裹，扎紧袋口后放置于盛有冰块的冷水中，然后迅速转运送医院。但不能直接浸泡在冰水之中，也不要让冰块直接接触皮肤，更不要用消毒液、盐水直接浸泡断肢。

（3）给病人以心理支持

肢（指）体断离病人，多有伤口出血、疼痛和突然受到刺激而产生的恐惧、紧张不安的心理。急救者应敏捷、沉着、冷静、情绪稳定，做到有条不紊的处理各种复杂情况。一面用温和的语言安慰病人，不要让病人直视伤口，一面迅速止血、固定、包扎。

五、休　克

休克是各种强烈致病因素作用于机体（如严重创伤、失血等），使循环功能急剧减退，组织器官微循环灌流严重不足，导致重要的生命器官缺血缺氧，以至出现代谢障碍，细胞受损，组织坏死。

休克的识别：早期患者出现皮肤苍白、四肢发冷、心跳呼吸加快、尿量减少等症状。但如果不能及时有效地处理，休克会进一步发展，患者将出现血压进行性下降，少尿甚至无尿，心搏无力，患者神志淡漠甚至转入昏迷。

急救方法如下：

（1）提供安静、舒适的环境，安置患者的时候采取平卧位或头和躯干抬高 20°～30°、节肢抬高 15°～20°的卧位，以利于呼吸和静脉血流动。

（2）保持呼吸道通畅、暖氧，昏迷者头俯向一侧，以防呕吐物和分泌物体吸入呼吸道。

（3）多数患者体温偏低，应采取保暖措施，但禁忌体表加温（如使用热水袋保暖），以防血管扩张加重休克。

（4）对症处理。因创伤骨折所致的休克给予止痛，骨折固定；烦躁不安者可给予适当的镇静剂。

（5）现场处理后，尽快送医院急诊。

六、晕　厥

晕厥是因为多种原因所致突发性、短暂性、一过性的意识丧失而昏倒，系因多种因素导致一时性、广泛性脑缺血、缺氧引起，并在短时间内自然恢复。常见原因可分为心源性晕厥、非心源性晕厥和不明原因性晕厥。急救方法：出现先兆症状或已瘫倒在地时，立即扶病人平卧在空气流通处，将其双腿抬高，解开领口、腰带、胸衣，片刻后便可自行清醒。如病因已查明，应尽早进行病因治疗，这是根治晕厥的最有效措施，如有明确诱因应尽量避免。

复习思考题

1. 现场急救的主要任务是什么？
2. 现场急救的主要原则是什么？
3. 现场评估的主要内容是什么？
4. 出血按血管分类可分哪几种？
5. 骨折固定时应注意哪些主要事项？

附录：铁路劳动安全培训规范

表1　能力分析总表

序号	能力种类	能力项						
		1	2	3	4	5	6	7
A	规章制度	国家法律法规	铁路行业规章	▲铁路企业安全制度	▲站段安全制度			
B	常见事故预防	预防机车车辆伤害	预防机动车辆伤害	预防触电	预防高处坠落	预防起重伤害	预防物体打击	预防机械伤害
C	相关安全知识	消防安全	预防中毒和窒息	防暑降温	防寒过冬	职业健康	现场急救	
备注		打▲的能力项由铁路企业、站段自行确定培训内容						

表2　在职人员培训科目组成表

能力种类	培训科目	培训形式	培训学时	对应能力项编码
规章制度	国家法律法规	脱产/自学		A1
	铁路行业规章	脱产/自学		A2
	铁路企业安全制度	脱产	1	A3
	站段安全制度	脱产	1	A4
常见事故预防	预防机车车辆伤害	脱产	3	B1
	预防机动车辆伤害	脱产/自学		B2
	预防触电	脱产	3	B3
	预防高处坠落	脱产/自学		B4
	预防起重伤害	脱产/自学		B5
	预防物体打击	脱产/自学		B6
	预防机械伤害	脱产/自学		B7

能力种类	培训科目	培训形式	培训学时	对应能力项编码
相关安全知识	消防安全	脱产/自学		C1
	预防中毒和窒息	脱产/自学		C2
	防暑降温	脱产/自学		C3
	防寒过冬	脱产/自学		C4
	职业健康	脱产/自学		C5
	现场急救	脱产/自学		C6
学时合计			8	

备注：培训形式中的"脱产/自学"，表明此类培训内容可组班脱产培训，也可安排自学。

表3 培训科目指导书

对应能力项编码：A1

科目名称	国家法律法规		能力种类	规章制度
培训形式	新职	脱产	培训学时	1学时
	在职	脱产/自学		
培训目标	了解国家有关劳动安全的主要法律、法规和标准			
培训内容	1. 安全生产法，刑法，劳动法； 2. 铁路安全管理条例，铁路交通事故应急救援和调查处理条例，工伤保险条例； 3. 安全标志、安全色，劳动防护用品分类			

对应能力项编码：A2

科目名称	铁路行业规章		能力种类	规章制度
培训形式	新职	脱产	培训学时	1学时
	在职	脱产/自学		
培训目标	了解铁路行业有关劳动安全的主要规章和标准			
培训内容	1. 铁路《技规》有关人身安全规定； 2. 铁路运输系统作业人员劳动安全关键点控制措施； 3. 电气化铁路有关人员安全规则； 4. 铁路工务安全规则有关人身安全规定； 5. 调车作业标准，铁路车站行车作业人员安全标准			

对应能力项编码：A3

科目名称	铁路企业安全制度		能力种类	规章制度
培训形式	新职	脱产	培训学时	1学时
	在职	脱产		1学时
培训目标	了解铁路企业有关劳动安全的主要制度			
培训内容	具体培训内容由铁路企业自行确定			

对应能力项编码：A4

科目名称	站段安全制度		能力种类	规章制度
培训形式	新职	脱产	培训学时	1学时
	在职	脱产		1学时
培训目标	熟悉站段安全制度有关劳动安全的主要内容			
培训内容	具体培训内容由站段自行确定			

对应能力项编码：B1

科目名称	预防机车车辆伤害		能力种类	常见事故预防
培训形式	新职	脱产	培训学时	4学时
	在职	脱产		3学时
培训目标	掌握预防机车车辆伤害的安全知识和预防措施			
培训内容	1．机车车辆伤害事故类型； 2．机车车辆伤害事故危险辨识； 3．站场与线路行走安全； 4．预防机车车辆伤害安全知识和作业防护措施； 5．事故案例分析			

对应能力项编码：B2

科目名称	预防机动车辆伤害		能力种类	常见事故预防
培训形式	新职	脱产	培训学时	2学时
	在职	脱产/自学		
培训目标	掌握预防机动车辆伤害事故的安全知识和处置能力			
培训内容	1．机动车辆事故处理； 2．机动车辆伤害事故危险辨识； 3．机动车辆驾驶员的安全要求和应急处置； 4．预防机动车辆伤害的安全知识； 5．事故案例分析			

对应能力项编码：B3

科目名称	预防触电		能力种类	常见事故预防
培训形式	新职	脱产	培训学时	4 学时
	在职	脱产		3 学时
培训目标	掌握预防触电的安全知识、作业要求和防护技能			
培训内容	1. 触电事故类型； 2. 电气安全知识； 3. 触电危险辨识； 4. 预防触电的作业安全要求和防护技能； 5. 事故案例分析			

对应能力项编码：B4

科目名称	预防高处坠落		能力种类	常见事故预防
培训形式	新职	脱产	培训学时	1 学时
	在职	脱产/自学		
培训目标	掌握预防高处坠落事故的作业安全要求			
培训内容	1. 高处坠落事故类型； 2. 高处坠落危险辨识； 3. 预防高处坠落的作业安全要求； 4. 事故案例分析			

对应能力项编码：B5

科目名称	预防起重		能力种类	常见事故预防
培训形式	新职	脱产	培训学时	1 学时
	在职	脱产/自学		
培训目标	掌握预防起重伤害的安全知识和作业要求			
培训内容	1. 起重伤害事故类型； 2. 起重伤害危险辨识； 3. 预防起重伤害的安全知识和作业要求； 4. 事故案例分析			

对应能力项编码：C2

科目名称	预防中毒和窒息		能力种类	相关安全知识
培训形式	新职	脱产	培训学时	1学时
	在职	脱产/自学		
培训目标	了解预防中毒和窒息的基本知识和控制措施			
培训内容	1. 中毒和窒息事故类型； 2. 中毒和窒息危险辨识； 3. 预防中毒和窒息的基本知识； 4. 事故案例分析			

对应能力项编码：C3

科目名称	防暑降温		能力种类	相关安全知识
培训形式	新职	脱产	培训学时	1学时
	在职	脱产/自学		
培训目标	了解防暑降温的基本知识和预防中暑措施			
培训内容	1. 中暑症状； 2. 中暑危险辨识； 3. 防暑降温基本知识和预防中暑措施； 4. 事故案例分析			

对应能力项编码：C4

科目名称	防寒过冬		能力种类	相关安全知识
培训形式	新职	脱产	培训学时	1学时
	在职	脱产/自学		
培训目标	掌握防寒过冬基本知识和预防措施			
培训内容	1. 防寒过冬基本知识； 2. 冬季作业安全的特点； 3. 冬季作业对人身安全的基本要求； 4. 冻伤处置和预防煤气中毒措施 5. 事故案例分析			

对应能力项编码：C5

科目名称	职业健康		能力种类	相关安全知识
培训形式	新职	脱产	培训学时	1学时
	在职	脱产/自学		
培训目标	了解职业病预防和心理卫生健康基本知识			
培训内容	1. 铁路常见职业病类型； 2. 有害因素辨识； 3. 相关职业病预防措施； 4. 心理卫生健康基本知识			

对应能力项编码：C6

科目名称	现场急救		能力种类	相关安全知识
培训形式	新职	脱产	培训学时	1学时
	在职	脱产/自学		
培训目标	了解现场急救基本知识和作业常见伤害急救方法			
培训内容	1. 现场急救的基本概念； 2. 铁路作业常见伤害的急救方法			

表4 考核对象及要求

考核要求 \ 考核对象	新职人员	在职人员
考试方法	统一组卷、闭卷、笔试	统一组卷、闭卷、笔试
考试时间	90分钟	60分钟
满分标准	100分	100分
合格标准	90分	90分

参考文献

[1] 中国铁路总公司劳动和卫生部，中国铁路总公司安全监督. 铁路劳动安全[M]. 北京：中国铁道出版社，2013.